Joseph Macé-Scaron

Montaigne

notre nouveau philosophe

Plon

ISBN : 2-259-19555-5

Joyeux

Anniversaire

A Renaud Ferreux

A Christian

Le 18 mars 2003.

Christine.

« De nos jours, le courant de pensée le plus moderne sera celui qui saura redécouvrir l'individu. »

Witold GOMBROWICZ,
Journal, 1953.

« Il y a eu un homme qui est vraiment de tous les temps. Quoiqu'il fût du sien plus que personne il est du nôtre ; et ce que j'en dis aujourd'hui, on le dira demain. »

André SUARÈS,
Montaigne.

Introduction

LE MARIAGE DU CIEL ET DE L'ENFER

« C'est de compagnons que j'ai besoin, et de compagnons vivants, non pas de morts et de cadavres que j'emporte où je veux. »

NIETZSCHE,
Ainsi parlait Zarathoustra.

On a les élites que l'on subit et les contemporains qu'on se choisit. Celui qui partout m'accompagne porte une collerette de dentelles sur un pourpoint de drap et chausse, été comme hiver, d'épais bas de soie. Il se goinfre de blanquettes où l'ail se marie au persil, de crustacés farcis au jambon et relevés de piment et de marinades de lièvre plongé dans l'ivresse trois jours durant. Il est citoyen du Latium avant même d'être citoyen du monde. Plus soucieux des hommes que de l'Homme, il est conservateur et curieux de tout, bon chrétien parce que vrai sceptique. Montaigne, puisque c'est de lui qu'il s'agit, est sans doute plus vivant que tous ces fantômes que nous croisons chaque jour. Tous ces morts qui marchent, mangent, discutent, animent des controverses entre morts, se félicitent entre morts, lisent des livres d'auteurs morts et qui regagnent un jour leur grande maison vide avec une vie de mort bien remplie. Admettons que le temps est la première de nos hallucinations. Admettons que ce qui s'est passé n'est pas le passé. Quand l'avenir paraît une catastrophe, le passé fait figure d'espérance. Enjambons les siècles et les modes et reconnaissons, enfin, que Montaigne, cet esprit qui existe par lui-même, est notre contemporain absolu. Eteignons les Lumières et écartons le XIXe siècle que bégaient nos répétiteurs républicains, si pleins d'hier qu'ils finissent par en faire un demain. Oublions le XXe, l'innommable, tout ce néant que nous avons bu comme une grande coupe de ciel noir, absorbé, disparu. Que reste-t-il de ces illusions ? Nos guerres de religion. Et notre mélancolie. Cette même mélancolie qui fut le mal, l'air même du XVIe siècle ; Montaigne la respirait mélangée au reste de barbarie carolingienne, à la brutalité féodale et à la cruauté des Turcs.

Je crois bien avoir lu la première fois les *Essais* d'une façon presque distraite. Rien dans ce livre ne me paraissait de nature à m'attirer. Les noms des illustres Anciens cités n'étaient pas faits pour enflammer l'imagination. La langue française, encore mal assise, qu'il employait se déroulait inutilement compliquée, parmi les flux et les reflux d'une bataille syntaxique à laquelle je ne comprenais rien. J'avais l'impression que l'auteur répugnait à me dire de quoi il était question, et je ne m'y reconnaissais guère.

Depuis, j'ai été aidé par tous ceux qui ont rajeuni l'orthographe sans altérer la saveur du texte – je pense notamment au travail considérable d'un Claude Pinganaud qui me fit cadeau, il y a dix ans, des *Essais*, après le hasard d'une rencontre. Je me souviens de sa très belle préface intitulée « Que publier, c'est transmettre sa passion ». Pari gagné : depuis cette date, j'ai lu et relu les *Essais* et j'ai suivi le conseil d'Etiemble : « Pour le comprendre, il n'est que de le bien lire dix ou vingt fois. Chaque lecture apporte un éclairage neuf, car en chaque circonstance, nous l'abordons avec nos idées du jour, nos rêves de la nuit, nos passions du moment, nos valeurs provisoires. En chaque circonstance, il répond à nos questions présentes et pressantes, car il a réponse à tout, pour cette raison précisément qu'il ne dogmatise sur rien. » Et j'ai ainsi compris que le choix n'est pas entre rester fidèle à soi-même et trahir les autres ou rester fidèle aux autres et fomenter sa propre trahison ; qu'il ne faut ni exiger des autres une liberté qui les consumerait ni imposer à soi-même des contraintes inutiles. J'ai appris que, s'il n'y a rien à croire et à espérer, il y a à vivre et à aimer et que l'important n'est pas tant notre vie que la manière dont nous la recréons.

Chaque matin, Dieu nous donne un puzzle à résoudre. Et il nous faut bien une journée entière pour nous rendre compte que la pièce manquante, c'est nous. Les *Essais* est un livre qui parle à tous, mais ne s'adresse à personne, parce qu'il revient à chacun, en levant son propre masque, de se donner un visage nouveau. Pourquoi lire Montaigne aujourd'hui ? Encore faut-il le lire ! C'est déjà une gageure. Plantée dans le sol limoneux de la légende littéraire, une contrevérité est, telle la mauvaise herbe, presque indéracinable, surtout si elle est relayée par des décennies de scolarité sage et ces nourritures indigestes que sont les « morceaux choisis ». L'histoire littéraire est toujours imaginaire, un conte fondé sur plusieurs indices. Aussi ne sait-on ce que le temps réserve à un auteur. En bien comme en mal.

Qui eût dit que Montaigne, passé dans la moulinette du stéréotype inoffensif, serait pris pour un apôtre de la tiédeur, une sorte d'icône de l'honnête homme revenu de tout sans être allé nulle part, un point de rencontre neutre où disparaissent les passions, les sentiments et les idées, un besogneux du concept tout occupé à cultiver son lopin de vérité ? Personne à son époque qui, pour être tout emperlousée, n'en était pas moins sanglante. Comme tant d'autres, Montaigne a subi ce tassement, cette érosion dans le jugement de toutes les arêtes trop vives, qui marque la consécration. Le second coup de grâce lui fut porté quand on l'a rangé parmi les classiques français. Sur ces rayons de nos bibliothèques que rien ne dérange plus guère, hormis, de temps à autre, le menu trottinement d'un rat.

Que la gloire littéraire ne soit qu'une glissade, après la fin même, vers l'indifférence polie qui clôt le débat, passe encore. Mais ce qui est terrible, c'est la sollicitude des commentateurs quand ils profitent de la docilité de nos chers disparus. Julien Gracq a décrit cette coutume malgache où la foule va pique-niquer à la crypte et où, aux sons d'un orchestre champêtre, les morts un peu rudement secoués sur leurs étagères valsent familièrement de bras en bras. C'est ce que nous faisons avec Montaigne à chaque siècle. Après tout, qu'avons-nous à faire de ce gentilhomme engoncé dans sa fraise, ce philosophe pour classes secondaires ? De cet Alceste enfermé dans sa tour d'ivoire périgourdine qui élève ses chers livres en rempart contre les fureurs du monde, espérant se suffire à lui-même dans une souveraine indépendance à l'égard de l'extérieur ? Que des hommes, dans des périodes troublées par des équarrisseurs, se retirent dans leur hautaine thébaïde, c'est une marque de bon sens et un gage de survie. Mais ce n'est en rien le cas de Montaigne. Son retrait du monde ne saurait être un refus des êtres alors que, précisément, se donner trop au monde éloigne des êtres. Il se retire dans la réflexion sans se replier sur soi ; et s'il y a eu pour lui un lien secret entre action et pensée – ce que je crois sans pouvoir le prouver –, ce lien a consisté en ce qu'action et pensée adviennent, toutes deux, sous une forme mobile, et que la liberté qui les fonde est la liberté de mouvement ou plutôt du cheminement, l'art de baguenauder puis de s'attarder auprès de ce qui le mérite. Il faut rendre Montaigne à l'ordre du jour sans le mettre au goût du jour.

Il faut écouter cette voix unique et mystérieuse. Mystérieuse car, que l'on regarde l'homme ou la pensée, on bute sur une énigme analogue. Parfois Montaigne se fond dans son époque – en courant les honneurs et en se présentant comme un habile courtisan –, parfois il s'affirme superbement libre de toute attache, exilé de son temps. De même, il n'est pas rare que sa philosophie apparaisse comme un rassemblage de concepts divers, mal couturés comme un habit d'arlequin, ou qu'elle se révèle comme la fondation d'un homme en devenir, comme le principe seul capable d'étayer l'édifice branlant que nous sommes et de relancer une civilisation. Parce qu'il s'est à la fois livré et préservé, il n'y a pas un mais cent Montaigne. Celui de Shakespeare qui le dévora et des Encyclopédistes qui le détournèrent, de Pascal qui le condamna et de Voltaire qui le défendit, de Gide qui le contempla avec hauteur puisqu'il se voulait davantage continuateur qu'interprète et de Stefan Zweig qui l'observa de trop près au risque de se perdre. Et tous, faut-il le dire ?, ont – en partie – raison.

Il n'y a pas un homme dans ce personnage mais une foule de citoyens qu'il importe de faire coexister tant bien que mal sous un toit unique. Pour y parvenir, il fallait des règles sociales et une robuste constitution. Et si c'était là la première leçon de Montaigne ? Ses biographes n'en finissent pas de relever des étonnants paradoxes dans la vie ou l'œuvre – qui sont ici la même chose – de notre seigneur gascon. Ils trébuchent sur ces contradictions, les soulignent puis les rejettent au loin pour passer à un Montaigne qui leur fournit les normes sécurisantes par le moyen desquelles ils espèrent circonvenir, refouler et peut-être même anéantir les dérives d'une originalité non « moderne ». On les comprend. Tout cela est trop encombrant et comment cheminer avec ce sceptique engagé, ce calme enragé, ce conservateur épris de nouveauté, cet homme à femmes qui ne connut que l'amour d'un homme, ce tolérant adversaire des réformes, ce gentilhomme des Valois et de Navarre fasciné par François de Guise ? Ce catholique qui va baiser la pantoufle du pape, puis aussitôt les filles romaines aux alentours du château Saint-Ange ?

Comment saisir un homme qui s'est à la fois soumis de bon cœur à l'ordre du monde et qui s'est senti libre jusqu'à l'allégresse de ne pas être pris en tenaille par un ensemble de déterminations ? Est-il seulement un moraliste ? Rien n'est moins sûr et nous y reviendrons. Sa sobriété n'est pas aussi absolue qu'il puisse s'en vanter et c'est heureux quand on sait combien l'absence de vices ajoute fort peu de chose à la vertu. Jamais autant qu'aujourd'hui, on n'a demandé à la morale – ou plutôt à la moraline, médecine des âmes faibles – d'intervenir dans tous les domaines. Bientôt les véliplanchistes comme les charcutiers auront leur comité d'éthique. Montaigne a très vite jugé que rien n'est plus amoral – littéralement : plus obscène – que cette morale-là.

Dans une époque qui chante les vertus de la complexité, serait-il donc si embarrassant d'être pluriel pour oublier cette singularité-là ? Et si, justement, la force de Montaigne se trouvait dans cet entre-deux, cette propriété qu'il habitait, mais dont il refusait obstinément d'assurer l'intendance ? Et si pour lui rien n'était plus précieux qu'une certaine forme d'imperfection par laquelle l'infini blesse le fini ? Il faut sinon de la philosophie, du moins beaucoup de sagesse pour ne rien laisser perdre des vérités en miettes et pour désigner, au-delà de chaque doctrine, l'absolu du vrai. « Montaigne est sain », nous dit Flaubert sur lequel repose aussi d'immenses malentendus. La remarque, à première vue, parait incongrue. C'est sans doute la raison pour laquelle ce jugement est le moins repris par les doctes qui ont étudié la postérité de l'auteur des *Essais*. Et cependant, à y réfléchir de plus près, Flaubert est dans le vrai : il y a bien une hygiène de Montaigne. Une hygiène sans hygiénisme – et « qui étudie les moyens propres à conserver la santé, en permettant l'accomplissement normal des fonctions de l'organisme et en harmonisant les rapports entre l'homme et le milieu dans lequel il vit, afin d'éliminer notamment les influences nocives que peuvent comporter ces milieux ». Une hygiène, donc, qui ne se limite pas à la quête des remèdes et qui jette notre philosophe gentilhomme sur toutes les routes d'Europe dans l'espoir d'échapper aux Diafoirus qui l'accablent et, qui sait, de découvrir un jour qu'il est à lui-même son meilleur praticien.

L'hygiène, comme philosophie de l'existence et comme art de vivre : « J'ai mis tous mes efforts à former ma vie. Voilà mon métier et mon ouvrage. Je suis moins faiseur de livres que de nulle autre besogne. » Montaigne s'est donné pour tâche de porter les idées, les faits et les coutumes à l'extrême de leur vérité ; tout en se plaçant lui-même à ce point central où les différences se conjuguent et entrent en dialogue au lieu de se bloquer en conflits. Voilà pourquoi, avec Machiavel, Bodin ou Rabelais, c'est une épopée qui s'achève et avec Montaigne, une aventure qui commence.

*

Ce livre est celui d'un amateur et non d'un érudit ; d'un montanien et non d'un montaniste. Mais s'agissant de l'auteur d'un essai, peut-il en être autrement ? Je ne vois pour autant nulle opposition entre les études de ces éminents spécialistes auxquelles je me réfère volontiers et ma modeste contribution : au contraire, elles se complètent et s'éclairent en réciproque. Si le montanisme est une religion, il est bien qu'il ait ses Pères de l'Eglise ; mais il n'est pas mauvais non plus qu'il ait ses schismatiques. Pourquoi une certaine distance critique ou plutôt interrogative serait-elle contraire à la gratitude, à la piété et même à l'absolu de l'admiration ?

Cette hygiène de Montaigne est le fruit d'une lecture subjective, mais Michel Eyquem de Montaigne ne lisait pas autrement, lui qui se méfiait de la cuistrerie du professeur, du dogmatisme niais du savant et de l'abstraction truquée du philosophe. Et qui, de ses lectures ou, plutôt, de ses effeuillages, ne retenait que les pages où il se reconnaissait et qui lui parlaient. J'entends déjà les sarcasmes des montanologues, montaniformes et montanolâtres. Il n'y a pas lieu, pourtant, de ricaner : l'accroissement de la culture par spécialisation scientifique présente un terrible inconvénient, à savoir que personne ne sache plus ce qui se sait, bien que nous sachions tous qu'il se trouve des gens pour tout savoir. La conscience de cela nous oblige au silence, ou fait de nous des pédants, des hommes qui parlent sans savoir ce qu'ils disent de ce que d'autres savent. Ainsi la somme de connaissances que personne ne possède entièrement augmente chez tous et chacun, de façon troublante, la conscience de sa propre ignorance. Et ceci compense cela.

Pour tous ces experts brevetés, homologués, reconnus, que signifie le « connais-toi toi-même », (*gnôthi seauton*), la sentence de Delphes ? A quoi peut bien nous obliger aujourd'hui cet impératif ? Voilà où réside la gravité du problème. Si la science de la connaissance de soi dont Montaigne, et d'autres avant lui, pensaient que l'homme était seul digne, devient affaire d'experts, nous sommes perdus. Autrement dit : comment pourrais-tu connaître quelque chose de toi-même, si, dans ce domaine comme dans tous les autres, c'est l'autre qui en sait toujours quelque chose ? Je n'arrive pas à imaginer quelle serait la position d'un Montaigne moderne. La question n'a d'ailleurs aucun sens puisque, débarrassé des bandelettes de ses sectateurs, il est ici et maintenant avec nous, non pas comme un conseiller mais comme le plus intime des amis, non pas comme un maître à penser mais comme un maître à vivre.

Voilà pourquoi cet essai prend ses aises, de la hauteur et du champ. On y voyage à pied, à cheval, en carrosse et en barque. On y rencontre des clercs athées, des financiers florentins qui arrivent à Paris sans un liard et repartent cousus d'or. On y croise des princes sans pouvoir, des bourgeois armés, des éphèbes d'acier tout gainés de dentelles. Sans oublier le peuple qui s'invite toujours à l'improviste pour peu qu'on célèbre ici-bas le mariage du ciel et de l'enfer.

*

Si je parle du mariage du ciel et de l'enfer, c'est bien parce que l'époque de Montaigne ne saurait se réduire à ces « sombres temps » dont parle Bertolt Brecht. Le XVIe siècle, à l'image du nôtre, a contribué à illuminer les ténèbres. Du moins si on l'appréhende à ses débuts, réchauffés par les derniers rayons du Quattrocento italien... « Générations trop confiantes dans les forces collectives, s'écrie Michelet dans *Renaissance et Réforme*. Venez voir la source vive où le genre humain se retrempe, la source de l'âme, qui sent que seule, elle est plus que le monde et n'attend pas du voisin, le secours emprunté de son salut. Le XVIe siècle est un héros. » Un héros, peut-être, mais alors un héros grec qui évolue dans une tragédie écrite par quelque démiurge malade et jaloux. Tout avait pourtant si bien commencé avec la Renaissance. Une époque bénie, sinon de Dieu, du moins des dieux. Et le père de Montaigne, Pierre Eyquem, né à cet âge de renouveau et de clarté, a vu s'élargir l'horizon intellectuel, grâce à l'exhumation des trésors enfouis du monde antique, mais aussi aux apports de la civilisation italienne. Il a suivi ces grandes découvertes qui élargissaient le monde connu, dilataient le monde commun. L'Amérique entrait dans l'histoire de l'Europe pour ne plus en sortir, et avec elle les mythes d'Eldorado.

En 1533, quand Michel Eyquem de Montaigne naît, l'heure est encore à l'optimisme. C'est le « beau XVIe siècle » chanté par les historiens. Après le Moyen Age obscur, forcément obscur : le triomphe absolu des Temps modernes. Un Erasme, un Budé, un Rabelais peuvent enfin caresser l'espoir d'un changement radical, d'une fin de l'injustice et de la violence par la seule extension de la culture et de son triomphe sur l'ignorance. On rêve à un christianisme réformé, à un Etat rénové puisant dans la sagesse des Anciens et dans les premiers pas d'une science souveraine, les moyens de recréer sur terre une forme de vie plus libre, plus épanouie et moins inique.

Trente ans plus tard, la désillusion des intellectuels est totale : le précieux héritage a été dilapidé par une génération d'hommes plus soucieux de détruire que de transmettre. Les prétendus scrupules de la conscience n'ont été que le prétexte au déchaînement des conflits entre les hommes. Les guerres de Religion qui dressent catholiques contre protestants, et déchirent les frères au sein d'une même famille, sont passées par là. Les vieilles féodalités resurgissent après avoir emprunté au centralisme monarchique son absolutisme. La sorcellerie, la superstition, les grandes peurs populaires reviennent au galop, exploitées par les partis en présence.

« *Qui est mon semblable ?* » Nous connaissons l'épisode de la fameuse controverse de Valladolid, où Las Casas s'illustre comme le défenseur de l'humanité des Indiens. On sait moins que Montaigne adopte une démarche identique à de nombreuses reprises dans les *Essais* et notamment dans le fameux chapitre « Des cannibales », lorsqu'il compare ceux que l'on nomme les « barbares » avec les hommes de son temps :

« *Je pense qu'il y a plus de barbarie à manger un homme vivant qu'à le manger mort, à déchirer par tourments et par géhennes un corps encore plein de sentiment, le faire rôtir par le menu, le faire mordre et meurtrir aux chiens et aux pourceaux comme nous l'avons non seulement lu, mais vu de fraîche mémoire, non entre ennemis anciens, mais entre voisins et concitoyens, et, qui pis est, sous prétexte de piété et de religion, que de le rôtir et de le manger après qu'il est trépassé* » (I, 31).

Alors qui est mon semblable ? Cette question mérite sérieusement d'être posée après le massacre de Vassy en 1562 où une soixantaine de protestants réfugiés dans une grange sont massacrés par les reîtres du duc de Guise. La tuerie générale de la Saint-Barthélemy y apportera pour toute réponse que mon semblable est celui qui pense, qui croit exactement comme moi. Hors de cette certitude, un seul mot d'ordre : « Tue ! Tue !... A mort ! » En cette moitié du XVIe siècle, le démon n'est pas le singe fourchu qui se faufile dans la nuit pour engrosser nos peurs. Non. Le diable, c'est l'Autre. Quel progrès magnifique !

Michelet nous a rapporté un dialogue entre le prince protestant Christophe de Wurtemberg et le prince catholique François de Guise. Nul ne contestera qu'il pourrait tout aussi bien être tenu aujourd'hui. Qu'est-ce qu'être idolâtre ? s'enquiert le chef de la Ligue. « C'est adorer d'autres dieux que le Vrai Dieu, chercher d'autre salut que Son Fils », répond Wurtemberg. « Alors, je ne suis pas idolâtre, dit Guise, je n'ai de dieu que Dieu. » Dialogue de sourds. Dans un essai fulgurant, *L'Humanité perdue*, Alain Finkielkraut s'est demandé si l'absence d'une idée possible de l'humanité ou la présence d'une idée falsifiée de l'humanité ne nous conduisaient pas tout droit à la barbarie. On ne peut nier, depuis l'agression terroriste du 11 septembre 2001, toute l'actualité de cette interrogation. La société occidentale n'est pas plus protégée du pire que ne l'était la France de la Renaissance à la veille de Vassy.

Un mot encore : les nouveaux moyens de communication dont usent et abusent actuellement les révolutionnaires intégristes ne relient pas plus les hommes que ne le fit Gutenberg lorsqu'il inventa l'imprimerie. Faut-il rappeler que cette dernière, avant de centupler les moyens de la liberté par la connaissance, a d'abord servi à propager les ouvrages qui combattirent l'humanisme, puis à exacerber les haines religieuses à travers des milliers de libelles ?

*

De bonne foi, je reprends chez Montaigne ce qui me semble devoir le mieux féconder les âmes, à en juger par ce qui à mon sens a été le plus fécond dans la mienne. C'est une règle exposée à de multiples erreurs. Si je m'en sers, c'est pour n'en avoir pas trouvé de meilleure. Je demanderai donc au lecteur un peu d'amitié et ce minimum de respect qui rend possible, pour quelques heures, la vie en commun. Montaigne est notre contemporain absolu, mais ne le prenez pas trop au sérieux. Songez que lui-même n'était pas toujours certain de ce qu'il avançait et que, bien qu'il prétendît parfois éduquer, il ne croyait pas que son éducation allât beaucoup plus loin qu'une autre. Cheminons, en sa compagnie, tout en gardant à l'esprit qu'il ne nous est guère facile d'apprendre à penser correctement, car nous sommes tous l'incorrection même, une âme perpétuellement au brouillon, remplie de ratures, d'hésitations et de repentirs.

Nous vivons tous avec un diable – pas le démon de Socrate, mais un diablotin qui biffe parfois ce que nous écrivons pour écrire le contraire au-dessus de la rature –, qui certaines fois parle en notre nom alors que d'autres fois, c'est nous qui parlons à sa place, quand nous ne parlons pas les deux ensemble pour dire en chœur des choses différentes. Une véritable confusion !

Pour les temps incertains, Montaigne n'est peut-être pas le maître que nous devons choisir, car vous n'apprendrez de lui que ce qu'il convient probablement que nous ignorions toute la vie : à douter de nous-mêmes. On peut lui appliquer le mot de Kant qui, dans la préface de la première édition de la *Critique de la raison pure,* appelle les sceptiques « une sorte de nomades qui ont horreur de toute exploitation permanente du sol ». Mais attention : Montaigne doute trop pour être un idolâtre du doute, un douteur en transe à la Cioran, un fanatique sans credo, un héros de la fluctuation.

Tout est doute chez lui, y compris le goût du doute. Il sait que le malheur veut que, une fois lucide, on le devienne toujours davantage jusqu'au point d'adorer une idole qui ne dispense que le vide. On croit l'emprisonner. Peine perdue. Il vit, ni contraint ni obligé, et sans se lier fût-ce à lui-même. La pensée de Montaigne est libre à l'égard des modes et des interdits qui sont la part abusive des modes. C'est une pensée vigoureuse qui combat la pseudo-évidence des slogans et qui se garde aussi de donner dans ces fausses technicités langagières par lesquelles quelques modernes alimentent et entretiennent une séduction terrorisante. C'est une pensée ouverte qui tend non au monologue mais au dialogue – « *Je festoie et caresse la vérité en quelque main que je la trouve* », dit-il. C'est une pensée mouvante, enfin, dans laquelle les universitaires tout caparaçonnés de leurs certitudes s'enfoncent avant d'être engloutis ; pensée libre pour la variation, l'invention, l'inspiration. Ce que Montaigne aime : changer.

Ainsi, page après page, son texte s'ouvre à nous, faisant naître des gerbes de discussions et d'explications qui, tels des crabes, s'en échappent à l'oblique. Car il y a bien davantage que cette fleur céruléenne d'un savoir à la fois ouvert et achevé : il y a une voix. Elle est celle d'un homme seul qui s'adresse à un homme seul : selon un tête-à-tête sans truchement et sans traducteur, une relation singulière et, surtout, immédiate. Montaigne nous parle et aussitôt, en réponse à une certaine tonalité, nous savons à qui nous avons affaire. Le génie de ce contemporain est que, quel que soit notre degré de lecture, nous nous trouvons, avec lui, en situation. Il sait fourrager dans les serrures compliquées de l'âme, se frayer un accès vers la bonne chaleur humaine, nous pressant de nous ouvrir, de communier, d'accueillir dans nos veines cette onde de sang élargie qui passe la rampe et vient nous régénérer.

Si tout ce que j'écris là est juste, alors pourquoi ajouter des mots qui ont traîné partout à ces choses fraîches qui s'en passeraient si bien ? Et comme il est boutiquier, ce désir de tirer de tout sans laisser rien perdre. A quoi bon cette peine que je prends, ce travail de persuasion, cette lutte contre le refroidissement considérable et si insistant de la vie ? Et il est vrai que, rédigeant cet essai, je suis passé de la rêverie stérile à la panique quand je me suis trouvé face à ce texte fantôme qui me dévorait sans engraisser, et dont certains commençaient à me demander des nouvelles avec une impatience où perçait la dérision. Il est vrai aussi que je me suis posé des questions sur l'abondance des citations provenant des *Essais.* A ceux que cela incommoderait, je répondrai par une citation supplémentaire :

« *Qu'on voie, en ce que j'emprunte, si j'ai su choisir de quoi rehausser mon propos. Car je fais dire aux autres ce que je ne puis si bien dire, tantôt par faiblesse de mon langage, tantôt par faiblesse de mon sens. Je ne compte pas mes emprunts, je les pèse* » (II,10).

En terminant son œuvre, Montaigne appelait de ses vœux un suffisant lecteur assez téméraire pour imaginer à partir de son texte « *les infinis essais dont son livre offre à prétexte* ». Une invite à prendre exemple, à forer cette mémoire qui abolit, qui défigure et retrouver l'entrain des premiers sentiments, des premières sensations, les mouvements de l'esprit, la souplesse, les nuances, les moirures de la vie, le hasard riche, les musiques qui vous tombent dans l'oreille.

Et il est vrai, enfin, que, plus je le lis, plus il me plaît d'imaginer ainsi un livre infini : Montaigne, dans sa « librairie », lisant ses chers philosophes latins et historiens grecs, les annotant, les recopiant, les commentant, les enrichissant de ses lumières et de son voyage intérieur. Puis sur ce texte nouveau qu'on intitulerait Les *Essais*, un autre lecteur, sans doute pas aussi sage mais tout aussi épris d'intelligence, de fidélité et de tolérance, Roger Stéphane, par exemple, venant déposer, à son tour, dans les marges, jour après jour, ses notes, ses citations, ses commentaires, sa manière bien à lui de se dire en parlant des autres, de dire aussi son temps, les incertitudes et les drames effroyables de celui-ci, et la manière qu'il a trouvée pour ne pas y succomber. Puis un troisième lecteur qui arriverait et recueillerait ces nouveaux essais pour, à son tour, en butiner longuement le pollen et fabriquer un miel nouveau, tirer le long fil d'or qui relie les générations. Et c'est ainsi que Montaigne est grand.

1

LA PREUVE PAR L'ITALIE

L'amant de Vérone

En 1770, l'indiscret abbé de Prunis, en visite dans le domaine de Montaigne, découvre dans une vieille malle aux serrures disjointes le récit d'un voyage en Italie, par l'est de la France, l'Allemagne et la Suisse.

Il ne s'agit certes pas de la malle de l'écrivain Fernando Pessoa, mais la surprise est néanmoins de taille. Jusqu'à cette date, en effet, les érudits imaginaient que Michel Eyquem de Montaigne était l'homme d'un seul livre. Bon nombre de savants actuels continuent, d'ailleurs, de le laisser croire.

On savait que le père de Montaigne à l'issue des guerres d'Italie avait écrit, tout comme celui de Goethe, son journal, mais il faut bien se rendre à l'évidence : l'auteur des *Essais* tout comme celui de *Faust* est, lui aussi, revenu avec un livre narrant son périple à travers la péninsule.

Le manuscrit que réunit Prunis est dépourvu des premiers feuillets. Il est rédigé pour une large part en français, pour une autre en italien. Après de nombreuses péripéties (fallait-il ou non supprimer des passages qui montrent un Montaigne trop différent de son image officielle ?), le manuscrit est publié... quatre ans plus tard, avant de disparaître.

Pour toujours ? Non, une copie de ce texte a été récemment découverte. Elle est l'œuvre du chanoine Leydet, le La Boétie de l'abbé de Prunis. La vie des grandes œuvres est parfois plus romanesque que celle de leurs auteurs. Car les mystères semblent s'accumuler dès que l'on s'approche de ce manuscrit. La première partie du récit est de la main du secrétaire de Montaigne. Qui était-il ? Sans doute un jeune clerc de Bordeaux ou de Périgueux. Quelle était la nature de ses relations avec Michel Eyquem ? Montaigne le congédiera soudainement à Rome sans aucune forme d'explication et reprendra la plume pour écrire ce qui est, *in fine*, la preuve par la vie des *Essais*.

En effet, aborder Montaigne par son journal, c'est l'aborder dans son intimité. N'est-ce pas après tout logique ? Lui qui n'avait pas la superstition érudite des grands humanistes ; lui qui cherchait moins à ressusciter avec exactitude la pensée de tel philosophe, ou l'histoire de tel grand homme, qu'à en extraire ce qui lui semblait utile à sa propre réflexion et à répondre aux problèmes de la vie contemporaine. Il quitte ici le « haut trône » sur lequel l'avaient assis des siècles d'histoire littéraire pour, selon son expression, « *s'abaisser jusqu'à vivre* ».

Passer par l'Italie, n'est-ce pas là la voie Sophia de toute une génération ? Et puis, surtout, connaît-on meilleure façon de savoir de quelle trempe est faite un ami tant que l'on n'est pas parti avec lui en voyage ?

En juin 1580, à l'âge de quarante-sept ans révolus, Michel de Montaigne, que l'on nous a dépeint comme un sédentaire solitaire, quitte son château de Gascogne pour un périple à cheval de près d'un an et demi en Europe. Autour de lui, il a rassemblé une petite troupe de parents, de compagnons et de serviteurs.

La raison avouée de ce long périple est la recherche d'eaux pouvant soulager notre gentilhomme de la gravelle. Séduit par l'inconnu, le changement incessant des sites et des hommes, l'auteur des *Essais*, qui viennent d'être publiés en France sous la forme des deux premiers livres, épuise ses jeunes compagnons et traverse Mulhouse, Bâle, Constance, Augsbourg, Munich, Innsbruck. Après une excursion au lac de Garde, il entre enfin en Italie. En selle, donc, avec lui.

*

Montaigne laisse les Alpes dans la nuit. Trente. Puis Rovereto. Il descend les degrés d'une nature grise et noire hérissée de forêts pour une autre contrée qui s'offre et qui s'étale. Ce n'est pas encore le Sud et c'est déjà l'Italie. La lumière ne se lève pas, elle bondit comme si elle avait été cachée dans un coffret. Tout le pays a l'air liquide dans la clarté.

En ces premiers jours de novembre, la petite troupe entre à Vérone. Y a-t-il meilleur *antipasti* du banquet péninsulaire ? Quand Montaigne y pénètre, non sans avoir envoyé auparavant son secrétaire présenter aux autorités les *boletes de la fenta* (bulletins de santé), un écrivain de rue, Luigi da Porto, vient de publier un récit sur la haine qui sépare deux familles locales, les Montaigu et les Capulet, et le destin tragique de Giulietta, dépeinte comme « *una bella gnocca* », et de son amant, Roméo.

La littérature est transversale. Elle écrit une histoire monumentale. Dans cette histoire, il y a des phares qui s'envoient des signaux. Shakespeare qui n'ira pas plus à Vérone qu'en Bohême ou qu'à Venise, immortalisera le texte de da Porto et cette pie voleuse élisabéthaine fera son miel du troisième volume des *Essais*.

Vérone est une ville de balcons à balustrades, ajourés, corbeilles de fer ou de marbre, pansus ou tels des seins pointant sous une résille.

La maison de Giulietta n'est peut-être pas ce bâtiment qui a, aujourd'hui, la couleur du vieux cuir. Mais le balcon, lui, est toujours là. L'échelle de soie n'a qu'à choisir. Les murs du porche d'entrée portent les stigmates d'amoureux dans toutes les langues. Chaque année, une centaine de cœurs brisés de par le monde écrivent à Giulietta. Et on leur répond. Ce courrier occupe un employé de mairie à plein temps. *Si non è Verona...*

La ville mérite mille fois mieux que ces épanchements. Laissons-nous conduire par Montaigne, ce guide sans guide, qui va droit aux arènes, l'un des amphithéâtres les mieux conservés et les plus vastes, après le Colisée de Rome. Évoquant son maître, le secrétaire écrit : « Il disait être le plus beau bâtiment qu'il eût vu en sa vie. » Mais ce qui l'enthousiasme par-dessus tout est que l'on s'en sert encore « pour y courir aux joutes et autres plaisirs ludiques ».

Heine y assista à une farce italienne et Goethe (encore lui !) à une partie de football. Aujourd'hui, des spectacles lyriques grandioses s'y produisent, même si, pendant les représentations, il n'est pas rare de voir son voisin saucissonner. Passionnée, guerrière et douce à vivre, Vérone est aussi sainte, mais d'une sainteté joyeuse. Montaigne visite avec ses compagnons la cathédrale Santa Maria Matricolare, bâtie sur l'emplacement et avec les matériaux d'un temple de Minerve. Sagesse ? Pour un homme qui a vu fâcheusement se multiplier les dévots en France, il « *trouvait la contenance des hommes étrange à la grande messe* ». Comment ? On devise librement dans cette enceinte sacrée, on applaudit lors de l'élévation ? Qu'est-ce donc alors que ce catholicisme que lui « vendent » la Ligue et les Espagnols ? Ou la ville serait-elle une parenthèse ? (« Il n'y a pas de monde hors des murs de Vérone », dit Roméo, acte III, scène 3.)

Après Vérone, halte à Padoue. « Badoue », écrivit plus tard André Suarès, le dernier des écrivains *condottieri*, pour souligner la pesanteur de cette ville. A peine Montaigne pose-t-il un pied à terre qu'il ironise sur les rues étroites et laides, fort peuplées, et l'absence de belles maisons.

Lourde et balourde au XVIe siècle, Padoue l'est toujours aujourd'hui. Ses avenues s'enroulent autour de son centre comme des tranches de lard autour d'un morceau de *vitello*. La vie y est épaisse. La ville s'enorgueillit d'abriter l'une des universités les plus illustres d'Europe, dont l'origine remonterait au XIIe siècle. Curiosité locale ? On y enseigne encore le marxisme le plus orthodoxe. Et, si l'on vous montre la chaire où Galilée proposa sa nouvelle vision du monde, il y a fort à parier qu'il serait aussi peu écouté si d'aventure il y revenait prêcher.

Padoue aime les monuments courts sur pattes et les concepts trapus. L'histoire y a l'air d'une commode, où l'on range les faits d'armes dans de profonds tiroirs. Un quart de la population est composé d'étudiants étrangers qui logent en dehors de la cité dans des collegios, dortoirs en commun. La nuit, on ne dort pas à Padoue, et le jour on s'y ennuie.

Quand Montaigne et son équipage s'y installent, s'y trouvent cent gentilshommes français. L'auteur des *Essais* juge ridicule cette « *incommodité* » qui consiste à se regrouper entre nations et « *ôte le moyen d'acquérir des connaissances étrangères* ». Il ne pérégrine pas pour chercher « *des Gascons en Sicile* » ! Il se souviendra plus tard dans les *Essais* de cet épisode quand il notera cet axiome que devrait adopter tout bon voyageur :

« *Quand j'ai été ailleurs qu'en France et que, pour me faire courtoisie, on m'a demandé si je voulais être servi à la française, je m'en suis moqué et me suis toujours jeté aux tables les plus épaisses d'étrangers* » (III, 9).

Que viennent faire ici cent nobliaux français ? En 1580, Padoue n'est pas célèbre pour son université, mais pour ses écoles de bal, d'équitation et surtout d'escrime. Montaigne doit bien contenter son jeune frère, le bouillant Bertrand de Mattecoulon. Cet art vénérable, poli par les siècles, art de la feinte, est confisqué à l'époque par les Italiens (qui, d'ailleurs, ne nous l'ont toujours pas rendu). Montaigne goûte à cette ivresse nerveuse que procure l'escrime, quand toute la finesse, toute la force du tireur convergent à la pointe de son épée. Est-ce un hasard si l'escrime italienne triomphe en Europe au moment où s'imposent les « recettes » de ce bon docteur Machiavel ? Dans les deux cas, il s'agit de sentir devant soi les nerfs d'un homme qu'il faut sans cesse tromper. La résistance organique, la taille, le poids n'interviennent guère. On s'y juge tout entier, soi-même et autrui par les coups qu'on porte. Les leçons seront mises à profit. Peu de temps après avoir quitté Montaigne à Rome, le jeune Bertrand servira de second à un gentilhomme qu'il ne connaissait guère. Décousu de la gorge au bas ventre, son adversaire recevra, sur la joue, le soufflet de ses tripes.

Savoir ferrailler n'est pas chose superflue. Les routes sont peu sûres (par deux fois, l'auteur signale la présence près de Spolète et entre Milan et Gênes de brigands qui rançonnent la campagne) et très malaisées : pas de bornes ni de poteau indicateur aux carrefours. Et Montaigne peste contre ces chemins italiens mal entretenus, mal tracés, qui souvent se perdent dans des bourbiers au fond des vallées. Il n'est donc pas question de flâner. On parcourt vingt-cinq milles d'un trait pour arriver à Venise.

Dès son entrée en Italie, Montaigne n'a de cesse de voir la République aquatique. Est-ce « *l'odeur des marets* [marais] » ou celle de ce corps politique déjà en décomposition, malade de sa victoire à Lépante, dix ans auparavant ?

Toujours est-il que la visite est vite expédiée dans le journal. Montaigne avoue avoir trouvé la ville autre qu'il l'avait imaginée, et « *un peu moins admirable* ». La célébrité des courtisanes lui paraît même surfaite, il ne « *trouve pas cette fameuse beauté qu'on attribue aux dames de Venise* ».

Tout étranger qui séjourne dans la ville aujourd'hui encore se doit d'avoir un passeur. On peut citer maintenant le comte Targhetti ou, mieux encore, le sénateur Augusto Premoli. Sans ces entremetteurs obligés, ces gondoliers qui naviguent sur une lagune imaginaire, vous ne connaîtrez jamais Venise. Les portes des *palazetti* resteront hermétiquement closes.

A l'époque de Montaigne, ce rôle est le plus souvent dévolu aux « *courtisanes honnêtes* ». Veronica Franco a déjà accueilli Henri III entre deux trônes : le polonais qu'il fuyait et le français qui le fuyait. La belle, qui s'est reconvertie dans l'art et la diplomatie, offre au voyageur un volume de lettres qu'elle vient de publier. Mufle, ou plus simplement gascon, Montaigne répond en faisant donner deux écus à l'homme qui le lui apporte. Le malheur veut que ce soit précisément le prix dont on payait, autrefois, les faveurs de la courtisane.

Cependant la grande désillusion ne provient pas des charmes fanés des Vénitiennes, elle est dans les propos que lui tient l'ambassadeur de France, du Ferrier, ami de longue date, qui lui confie n'avoir « aucun commerce » avec les gens de la ville. Les autorités sont si soupçonneuses que tout gentilhomme qui s'entretient avec un étranger est tenu pour suspect. Quoi ? Est-ce là la cité modèle des humanistes, la patrie où son cher La Boétie aurait tant souhaité naître ?

« Je sais bien ce que je fuis »

A cheval, et vite ! Et l'on retrouve la petite troupe à Ferrare, dans cette Italie où chacune des villes est un royaume pour elle-même. Toutes ont des titres à la mémoire des hommes, les moindres ont un nom. Ces principautés-confettis luttent entre elles pour savoir qui aura la plus vaste église, le campanile le plus haut, la piazza la plus vaste, chacun imitant la gloire de l'autre.

Rien n'a changé. Ne demandez pas à Ferrare, Bologne, Mantoue, Sienne, Urbino ou même Florence d'être une cellule de la ruche, quelque alvéole de la nation italienne. Plus elles se ressemblent et plus elles se veulent irréductiblement différentes.

A Ferrare règne la famille d'Este depuis plus de trois cents ans, presque une éternité dans ces temps troublés. Alphonse II, qui vient de se remarier avec une princesse de trente ans sa cadette, reçoit longuement Montaigne dans ce qui est, sans doute, l'un des plus beaux châteaux forts d'Italie. Plantée dans la ville, cette forteresse est rouge par ses briques, par les poissons qui peuplent toujours ses douves, et par les murs éclaboussés du sang de ces nouveaux Atrides.

Pour peu que la forteresse ne soit pas fermée pour réparations, on peut y croiser encore des fantômes : celui d'une duchesse décapitée pour être devenue la maîtresse du fils de son mari ; celui d'un prince qui eut les yeux crevés par son frère parce que l'épouse de ce dernier louait imprudemment sa beauté ; ceux de tous ces oncles, neveux, cousins, emprisonnés, torturés, exécutés pour avoir menacé, ne fût-ce qu'un instant, le sommeil du maître de Ferrare.

Cette histoire diffère-t-elle de celles des autres cités de la Péninsule ?

Montaigne, qui a épinglé la Sérénissime République, ne dit rien sur cette « monarchie tempérée par le régicide », pour reprendre la formule de Dominique de Roux. Mieux, il trouve la ville charmante et paisible. Et l'on sentira le même calme en arpentant la via della Volte, au sud de la cathédrale, parfait exemple de rue médiévale intacte, avec ses voûtes et ses arcs en plein cintre qui cuisent au soleil.

Est-ce la lecture de Machiavel qui a convaincu Montaigne ? Sans doute, mais pas la lecture faussée dont on connaît la vulgate. L'auteur du *Prince* n'a pas recommandé l'injustice et la cruauté comme politiquement plus efficaces que l'équité ou l'humanité. Comme Montaigne, il ne professe rien, sinon ce qui est le contraire d'une profession de foi. Le vrai politique est celui qui ne redoute pas, selon la circonstance, d'aller à l'extrême d'une générosité glorieuse ou jusqu'au bout d'une noire perfidie.

Voilà pourquoi Montaigne manifeste autant d'estime pour Francois de Guise, prince catholique, que pour son ami Michel de L'Hospital, chancelier des compromis boiteux. Et voilà pourquoi, dès 1583, il n'aura de cesse de répéter à Henri de Navarre, contre l'avis d'un Agrippa d'Aubigné pestant contre ces princes « qui ont appris à machiavéliser », que « *Paris vaut bien une messe* ».

Bon nombre de montanistes distingués se sont persuadés que sous couvert de vagabondage et de thermalisme, l'auteur des *Essais* remplissait quelque mission secrète. A ceux qui lui « *demandaient raison de ce voyage* », Montaigne répondait invariablement : « *Je sais bien ce que je fuis, mais non pas ce que je cherche* » (III, 9).

Ce qu'il fuit, ce sont les guerres de Religion menées par des nains politiques (la Ligue ou la Réforme) juchés sur des épaules de géants que sont l'Espagne et l'Angleterre. Il fuit non pas parce qu'il est un faible. Montaigne a lu Machiavel, mais aussi surtout les anciens. Or, où faiblit-on dans Suétone, où s'abaisse-t-on dans Tite-Live ? S'il quitte l'Allemagne confortable avec ses viandes en sauce et ses couettes meringuées, c'est pour se frotter à ces nouveaux monstres que sont les politiques italiens. Il ne voit pas qu'Alfonso d'Este durant ce voyage. Il rencontre également des ambassadeurs, une pléiade de cardinaux dont Farnèse, Caraffa, Pelvé, est reçu par le Médicis à Florence, et croise un grand condottiere, Silvio Piccolomini. Mais Montaigne n'est pas Casanova ou le chevalier d'Eon. Entre deux calculs rejetés par sa vessie, il ne compose pas d'alliances savantes. Ces politiques, il les veut pour son cabinet des curiosités personnelles, afin de se faire une certaine idée de la politique. Et de ce point de vue, comment échapperait-il alors au premier d'entre eux : celui dont la puissance ne repose que sur une pierre, mais quelle pierre ! : Grégoire XIII ?

La mule du pape

Montaigne ne laisse aucun répit à ceux qui l'accompagnent. Après Ferrare, il court à Bologne, ville riche mais encore déchirée par d'incessantes querelles entre « Français » (les guelfes, partisans du Pape) et « Espagnols » (les gibelins, partisans de l'Empereur). Comme un furet, il file à Loiano, Scarperia, passe par Florence et par Sienne. Les méandres de sa route sont à l'image de cette esthétique de la fluidité dont il a tant apprécié les charmes chez Ovide et qu'il cultive dans les *Essais*. En écriture comme en voyage, l'attrait du labyrinthe est puissant. Le vrai plaisir n'est-ce pas souvent de revenir sur ses pas ?

« *Ai-je laissé quelque chose à voir derrière moi ? J'y retourne, c'est toujours mon chemin. Je ne trace aucune ligne certaine, ni droite, ni courbe* » (III, 9).

Ses amis s'irritent de le voir suivre ainsi un itinéraire si décousu et on pense au passage des *Essais* :

« *J'entreprends seulement de me branler quand le branle me plaît. Et me promène pour me promener* » (III, 9).

Et puis, quelle importance puisque, à cette époque, tous les chemins mènent à Rome. Pour les humanistes, la ville est un passage obligé qui superpose deux images : la chrétienté et l'empire. Le journal de voyage nous montre qu'un des premiers actes des séjours de Montaigne dans les villes de Suisse, d'Allemagne et d'Italie est d'aller s'entretenir avec les théologiens et les autorités ecclésiastiques, comme pour mieux souligner les lieux de rupture de l'univers mental dans lequel il vit. Comment va-t-il réagir face à Grégoire XIII, qui a applaudi au massacre de la Saint-Barthélemy ? « *J'ai eu connaissance de Rome longtemps avant que je l'aie eue de celle de ma maison... J'ai su le Capitole avant le Louvre et le Tibre avant la Seine.* »

Ce 30 novembre 1581, Montaigne entre à Rome. Tout comme Dante et Rabelais avant lui, il séjourne d'abord via dei Soldati, à l'Hostaria dell'Orso, maison qui existe toujours, dans un piteux état, avec son portique du XVe siècle et les colonnes de sa terrasse, qui proviennent de ruines antiques. Mais l'auberge de l'Ours est chère, voire un brin chichiteuse. Une constante qui a traversé les siècles. Alors, la petite troupe s'installe à deux pas de là, via Monte Brazio, en face de la petite église de Santa Luca della Trinita, actuellement – et certainement pour quelques décennies – en cours de restauration. Montaigne rencontre là de nombreux compatriotes. Les Français se sont toujours crus chez eux à Rome. Il en reste quelques vestiges que l'on peut s'amuser à suivre comme un jeu de piste ! Depuis l'église Saint-Yves-des-Bretons, un calvaire pour l'esthétique, jusqu'à l'église de la Trinité-des-Monts en passant par le palais Farnèse, l'église Saint-Louis, la Procure...

Le 29 décembre, l'ambassadeur de France suggère qu'il serait opportun de demander audience au pape, Grégoire XIII. Entre-temps, Montaigne a dû remettre tous ses livres au Saint-Office, alerté par des lettres venues de France. Parmi ces ouvrages se trouve notamment un exemplaire des *Essais*.

Il faut bien en venir à cet épisode qui fit grincer les dents des philosophes du XVIIIe siècle, notamment le premier d'entre les « vigilants », d'Alembert : Montaigne baisant la pantoufle d'un pape qui juge que le massacre de la Saint-Barthélemy a été une divine surprise et une victoire aussi glorieuse que celle de Lépante.

En bon bourgeois jacobin, Stendhal, dans ses *Promenades à Rome*, s'indignera, en visitant la chapelle Sixtine, de la médaille que le successeur de Pierre fit frapper en l'honneur de l'événement (« Ainsi, il est un lieu en Europe où l'assassinat est publiquement honoré ! »).

C'est que la Contre-Réforme est avancée. Déjà, les Jésuites n'offrent-ils pas « une pépinière de grands hommes de toutes sortes de grandeur » ? Montaigne retrouve d'ailleurs l'un d'entre eux, Maldonat, avec qui il a déjà conversé à Epernay. Le même Maldonat, qui a aidé à la conversion d'Henri de Navarre en 1572. Un contemporain, Pierre de Lamire, a fait de cet esprit supérieur le directeur spirituel de Montaigne.

Le Souverain Pontife est souvent loué dans le journal. Ici, on souligne sa tempérance, son népotisme éclairé (Montaigne s'invite plusieurs fois chez son fils). Là, on salue son juste souci des dépenses « *en ports, en havres, fortifications et murs, en bâtiment somptueux, en églises, hôpitaux, collèges, réformation de rues et de chemins* ». Bref, un vrai chant grégorien.

D'ailleurs, l'ami de La Boétie ne s'arrête pas à mi-parcours. Il file à Lorette. Là où se trouve la maison de la Vierge, qui aurait été transportée par les anges, via la Dalmatie et au-dessus de l'Adriatique, dans un bruissement duveteux. Il y accroche des ex-voto : « *Un tableau dans lequel il y a quatre figures d'argent attachées : celle de Notre-Dame, la mienne, celle de ma femme, celle de ma fille.* »

Montaigne à Lorette ? Et pourquoi pas Camus à Lourdes ? Au risque de désespérer Lagarde et Michard, Montaigne est catholique. Eh oui ! Et ce n'est pas un hasard si Philippe Sollers prit sa défense, en 1995, dans un long article du *Monde des livres,* à l'occasion d'une nouvelle publication du journal. Quelques années plus tard, le même Sollers a publié *La Divine Comédie*, une revisite de Dante qu'il mène au galop. Et que fait celui que l'on présente abusivement comme un libertin ? Il accourt au Vatican afin de donner à Jean-Paul II, qui n'a pas meilleure presse auprès des clercs que n'en avait Grégoire XIII en son temps, un exemplaire de son livre. Comme Montaigne, il est venu avec une petite troupe dans laquelle je m'étais glissé. Et comme lui, il se pose les mêmes questions : rentrera-t-il guéri ? Peut-être. Reconnu ? On peut l'espérer ; l'opinion, il en a toujours fait son affaire. Sauvé ? Dieu seul le sait. Plus de cinq siècles ont passé, il faut croire que le prestige de l'écrivain français est intact.

Montaigne dîne avec le cardinal Farnèse ? Sollers est accueilli au palais Farnèse. Ce sont les mêmes rituels et les mêmes soupers fins aux truffes, dans ces salons où les dieux et déesses de Carrache donnent l'impression de descendre dans votre assiette. Peut-être les mêmes épaules rondes d'élégantes Romaines recouvertes négligemment d'étoles. Sans doute le même ambassadeur qui lit le même discours interminable et ampoulé. Dans le rôle du cardinal de Sens, ami des lettrés, le cardinal Poupard, esprit brillant. Dans celui du prosateur italien, Antonio Tabbucchi, fine moustache et large ego, à qui personne n'a osé dire qu'il n'était pas un des hétéronymes de Pessoa. Immuable Rome. Et Sollers, distant et ironique comme Montaigne et comme lui prolixe et chaleureux dès qu'il s'agit d'évoquer la figure du pape. Tous deux savent qu'il n'est pas de meilleur novateur qu'un vrai conservateur. Et qu'il n'y a pas, au fond, de plus grand libertin qu'un bon catholique.

Même les ruines ont péri

Rome, au XVIe siècle comme au XXIe, est un label et une Babel. Simplement, on le perçoit plus, à l'époque de Montaigne, le long du Tibre ; et on le mesure davantage maintenant autour de la gare de Termini. C'est dans une synagogue, près du fleuve, que Montaigne assiste à une circoncision qu'il relate avec un grand souci du détail. La communauté juive de Rome remonte à la haute Antiquité. En 1581, à la suite d'une décision prise par Paul IV, plusieurs milliers de personnes sont enfermées dans un espace qui ne couvre pas un hectare. Le ghetto de Rome n'est plus habité comme le ghetto de Venise, mais il garde son caractère pour peu que l'on scrute les vieilles maisons médiévales autour de la via del Portico d'Ottavia, ou que l'on s'arrête dans une trattoria casher pour déguster les *carciofi alla giudea*, artichauts pareils à des friandises dorées. Le XVIe siècle marque un tournant dans le voyage à Rome. Auparavant, les pèlerins envahissaient l'urbs pour les jubilés et les années saintes. Mais, à partir de l'orée du siècle, d'autres voyageurs affluent – c'est une nouveauté – pour admirer les ruines antiques. Le tourisme cultuel a cédé la place au tourisme culturel.

Cette prégnance de la Rome des Césars reste telle que, jusqu'à la fin du siècle, les guides de voyage n'indiqueront de la ville que les plans antiques. Mais Montaigne n'est pas un de ces humanistes obsédés de l'antiquisant comme les ruminants de l'herbe.

La ville, qui compta un million d'âmes, est retournée à l'état de nature. C'est sur la colline du mont Palatin qu'on prend la juste mesure du désastre. En face de Rome, le Colisée, cette bête ramassée sur elle-même avec ses échafaudages dressés telles les grilles d'une cage. Cette bête bouffée par les touristes, rongée par la pollution, attendant ce pouce baissé qui mettra fin à une agonie. Autour de nous, le fabuleux entassement des palais impériaux, des temples, des portiques, des péristyles, des frontons de marbre couronnés de gloire, et « ce qui reste du temple de la Paix ». Cette falaise de briques chaudes cuites et recuites, profondément entaillée d'ombres noires. Et partout, ces pins parasols qui se balancent lentement comme s'inclinaient jadis les ombrelles de pourpre au-dessus des Césars.

Une vaste partie du Palatin n'est qu'un talus pelé, parsemé de petits éclats de marbre. Je n'ai pas attendu de lire Valéry pour savoir que les civilisations sont mortelles. Montaigne, bien avant, s'interroge sur le destin des empires. Son secrétaire note : « Encore craignait-il, à voir l'espace qu'occupe ce tombeau, qu'on ne le reconnût pas du tout et que la sépulture ne fût elle-même, pour la plupart, ensevelie. » L'auteur des *Essais* songe sans doute au vers de Lucain : « *Etiam periere ruinae* » (les ruines même ont péri) ; mais il ne cède pas à la désolation. L'indéchiffrable du hasard le fascine, l'imprévisible fécondité de la fortune l'enchante. Au fond, ce n'est pas tant Rome qui l'intéresse, qui nous intéresse, que l'idée que Rome se faisait d'elle-même, tel un aqueduc de « *virtù* » enjambant les siècles.

Il n'y a pas de miracle romain comme il y a un miracle grec, il n'y a que du labeur. Conserver et fonder. Fonder et conserver. Et bâtir ! D'où cette prolifération monumentale. Tous les Césars ont eu de la boue aux semelles et ont sacrifié à ce rite, même ceux qui ne firent que passer dans la capitale de l'Empire. « Le monde édifié par la fabrication est d'une permanence durable, nous dit Hannah Arendt, et d'une immense solidité. »

Au début, Montaigne a pris un guide qui montre vite ses limites. Il le remercie. Il se sent davantage citoyen romain que lui. Il demandera d'ailleurs, et l'obtiendra du pape, le titre de citoyen d'honneur de Rome, non sans fierté. Il fait ce que tout voyageur devrait faire en comblant le vide laissé par les ruines non pas tant avec du savoir qu'avec du sens.

Depuis les collines du Janicule et du Pincio, Rome demeure immuable. La troisième ligne de métro n'est pas pour demain. Et comme les taxis romains sont revenus à leurs vieux démons après quelques années de relative sagesse, mieux vaut arpenter la ville par ses propres moyens. De toute manière, on ne connaît bien une cité qu'à pied. Montaigne fait ainsi « tous les jours mille promenades et visites » dans le « quartier » qui court du pont Saint-Ange au ghetto, que les Romains désignaient sous le nom de Champ-de-Mars. Le lieu s'y prête encore, avec son enchevêtrement de rues médiévales et son cœur, le campo dei Fiori, un marché vivant et coloré entouré de vieilles maisons aux façades délavées. Là, il faut suivre son exemple, et se mettre en état de disponibilité : « *L'occasion et l'opportunité ont leurs privilèges et offrent souvent au peuple ce qu'elles refusent aux rois. La curiosité s'empêche souvent elle-même comme le fait aussi la grandeur et la puissance.* »

Tout arrive à Rome. La ville est un décor de théâtre et le Romain un excellent acteur. Quand il entre en scène, il déclame : *Il discorso è questo* (le discours est le suivant), même pour introduire le plus banal des arguments. Et c'est avec la même théâtralité que Rome se déchire. La ville eut d'abord Romulus et Remus. Puis les guelfes et les gibelins. Au XVIe siècle, on continue de se narguer en se plaçant une fleur derrière l'oreille gauche ou l'oreille droite suivant que l'on soutient l'une ou l'autre faction. Montaigne s'amuse indifféremment à la placer d'un côté ou de l'autre. Puis il y aura le Vatican face à la maison de Savoie. Avec une victime : le Capitole et la construction de cette immense pissotière publique qu'est le monument à Victor-Emmanuel II.

Rome, ville double, ville de frères ennemis. Elle a maintenant la Lazio et l'AS Roma qui se partagent les faveurs des *tifosi*, mais aussi du peuple romain. La première équipe de ces nouveaux gladiateurs s'est accaparée l'aigle impérial. La seconde, le jaune et le rouge, les couleurs de la ville, ainsi que la louve. La première a des *laziali* d'élites, comme le cinéaste Nanni Moretti et Gian-Franco Fini, vice-président du gouvernement Berlusconi.

Mais la seconde, pour son poster officiel, a eu droit à un

cardinal devant Saint-Pierre-de-Rome. Moyennant quoi, si l'année 2000 a été faste pour la Lazio, l'année 2001 a été miraculeuse pour la Roma : championne d'Italie ! Les rues, les murs, les portes, les plus petits pavés en portent encore la trace. Ce que les touristes n'ont pas réussi à faire, les *Romani* l'ont fait.

Après les factions, les frictions. La dévotion romaine est un délicat trompe-l'œil. Et Montaigne a plusieurs pages pour dépeindre le jeu de la courtisane qui apparaît, puis s'efface. Pour un écu, on l'étreint. Mais il vous en coûte quatre pour avoir le droit, le lendemain, de lui faire la cour en public. « *Le corps est mieux en France,* confie Montaigne, *jamais en retard d'une goujaterie, car ici elles ont l'endroit de la ceinture trop lâche et le portent comme nos dames enceintes.* » Mais il reconnaît aux Romaines, et c'est bien le moins, une élégance naturelle, « *plus de majesté, de mollesse et de douceur* ». Il faut être follement sage ou sagement fidèle pour ne pas succomber à la lascivité du Latium. Pourtant, à Rome, Montaigne ne connaîtra pas ces chambres où règne l'odeur de l'amour séché. Le souvenir de La Boétie loge encore en lui, « *si entier et si vif* ».

Un parfum de Toscane

Vérone, Venise, Ferrare, Rome, Lorette... Il faut bien se rappeler pourquoi on est en chemin. Les crises de gravelle se font plus fréquentes et plus douloureuses et Montaigne, praticien de lui-même, ne nous épargne aucune colique, sable, pierre. Nous n'ignorons rien de la taille, de la forme et de la consistance de ses calculs rénaux. Au point que l'on se demande parfois s'il ne faut pas créer le néologisme de « diarrhiste » pour ce texte.

Montaigne exprime là un trait qu'on trouve peu parmi les philosophes. Le bon d'Alembert jugera ces « détails dégoûtants et inutiles ».

Le philosophe, quand il monte sur scène, que ce soit par

la parole ou par l'écrit, change de ton, hausse la voix. Il ne parle plus, il déclame, et parfois même il vaticine. Or, c'est bien la voix nue de Montaigne, notre ami, qu'on entend quand il écrit : « *J'étais toujours sujet aux mêmes vents dans le bas-ventre, mais sans douleur ; et c'est apparemment ce qui me faisait rendre dans mes urines beaucoup d'écumes et de petites bulles qui ne s'évanouissaient qu'au bout de quelque temps.* »

Montaigne se donne en modèle, non pour que nous l'admirions et que nous l'imitions dans ses actes ou ses pensées, mais pour que nous apprenions à nous connaître nous-mêmes en le voyant tel qu'il est. Il nous hausse sur le plan d'une sagesse où chacun choisira à son gré de retrouver le ton du stoïcisme ou l'accent du christianisme. Voilà pourquoi, après ce journal des voyages, il ne restera plus à notre Gascon qu'à transformer les *Essais.*

Entre-temps, il doit achever son cycle thermal et prendre les eaux à La Villa, près de Lucques. Pour y parvenir, il nous faut traverser avec lui la Toscane où toutes les petites villes se ressemblent. L'instinct de défense les a perchées sur la colline. Leur torrent de pierres bâties sinue entre les hautes maisons : toutes vieilles même les neuves, toutes ardentes dans leurs couleurs. Un sanctuaire d'ocre sur un socle de sang séché. Leurs dômes et leurs campaniles ont l'œil ouvert sur la vallée. Et les tours de leur seigneurie qui attend que le velours de l'ombre s'étende pour fondre sur la campagne semée de maïs, d'orge ou de vigne. Plus les pays sont prospères, plus ils se donnent du mal pour changer de visage ; comme les prêtres ignorants vendent les anciens aménagements de leurs églises pour y mettre le néon. Ce n'est pas le cas ici. Il y a une Campagne éternelle comme il y a une Ville éternelle.

Dans son *Voyageur égoïste,* Jean Clair cite le cas de paysans qui occupent dans cette Toscane la même terre et la même ferme depuis quatre cents ans. Seize générations ! Leurs ancêtres ont peut-être croisé le sire Eyquem.

Si l'ennui est l'air que nous respirons tous depuis Flaubert, la mélancolie est bien le mal du XVIe siècle. Pourtant, folie, luxure, mort et sang abondent. Les souveraines et les favoris sont partout décapités, assassinés. Le théâtre est rempli de meurtres. On goûte violemment la vie, l'acceptant dans sa totalité ; de là tant de magie tout orientée vers l'amour qui savoure et perpétue, et vers le jeu. A Florence, Montaigne est frappé par l'amour du grand-duc pour les festivités, sans commune mesure avec ce qui se pratique en France. Il assiste à une course de chars et note dans son journal : « *Ce spectacle me fit plus de plaisir qu'aucun de ceux que j'eusse vus en Italie, par la ressemblance que j'y trouvais avec les courses antiques.* »

Il a sans nul doute assisté également au *calcio,* le football florentin qui se joue encore maintenant en habits de la Renaissance. On peut le comparer à la soule, l'ancêtre de notre rugby, mais en plus âpre. Le *calcio* est trop dur pour un jeu et trop divertissant pour un combat. On entend encore les joueurs réciter :

Questo globo, entro informe e bel di fuore
'E del mondo il model voto al contento
Seguiam tutti un pallon, ch'è pien di vento
*Da cui i tragge sol polue, e sudor*e.

« Ce globe informe dedans et beau au-dehors
Est le modèle du monde, voué au plaisir
Nous suivrons tous un ballon rempli d'air
D'où l'on ne tire que poussière et sueur. »

J'ai assisté à une partie de *calcio*. Impressionnant, surtout quand la mêlée se fait terriblement basse. Quand les joueurs bavent jusqu'à terre de larges plaques d'écume. Et quand, soudain, l'un d'entre eux s'élance, la balle sous l'aisselle. Il est alors d'une substance plus dure que celle d'autrui, comme s'il chargeait dans un parterre de fleurs. Ses épaules qu'il présente à la butée sont précises comme ses poings. Il passe la ligne et s'abat, le pourpoint en lambeaux. Trois hommes s'écroulent sur lui, et le vainqueur, le front collé contre le sol, recrache la terre de Florence et un peu de son sang.

Si Florence a son *calcio*, Sienne a son *palio*. Il suffit qu'un jour – on ne saura jamais précisément ni lequel, ni en quelle année –, un échevin proposât d'organiser à l'Assomption une course de chevaux, entre les *contrade* (quartiers), pour créer l'une des festivités italiennes les plus célèbres à travers le monde. Pendant des siècles, le *palio* s'est couru le long des noires entrailles des rues tortueuses de la ville, traversant tous les chapitres du manuel d'histoire : les ducs, les papes, les empereurs, les sièges, les épidémies, les massacres...

Aujourd'hui, cette véritable guerre de clans se poursuit place du Campo. La *piazza* est allumée de couleurs vives rehaussées par la bigarrure de la foule qui a envahi tribunes, balcons, tréteaux, lucarnes, d'où elle contemple le cortège en costume Renaissance avec la splendeur ondulante des soies, des velours, des brocarts et l'opacité des bottes, harnais, justaucorps. Auparavant, chaque *contrada* a fait bénir son cheval dans son église, et à la cathédrale par l'évêque. Mais le bruit des grosses caisses, le son déchirant des cuivres électrisent les montures.

Encore maintenant, on « naît » Dragon, Oie, Louve, Mouton ou Licorne, autant de symboles des différents *contrade*, et l'on vit la préparation des festivités comme une affaire de famille. Une fois partis, les écuyers qui montent à cru et sont armés de nerf de bœuf, frappent autant les chevaux que les adversaires.

En trois tours d'un combat d'une violence inouïe, l'espoir d'une année entière est anéanti ou exaucé. Et chaque année retentit un hurlement d'effroi et d'enthousiasme quand un des cavaliers s'écrase contre un matelas dans le virage de Saint-Martin. De la même manière qu'aujourd'hui, les jeux constituent à l'époque de Montaigne une pièce stratégique des systèmes politiques. Le *calcio* et le *palio*, plus qu'un divertissement pour les princes, plus qu'une distraction pour le peuple, sont une mise en scène du pouvoir.

Le leader populiste Umberto Bossi l'a bien compris quand il s'est inspiré de ces festivités et a relevé ces antiques bannières pour créer sa Ligue du Nord ! Florence, Sienne et, bientôt, Lucques la délicate, qui par « sa faiblesse, s'est jetée sous la protection de l'Empire et de la maison d'Autriche ».

Montaigne juge la cité « plaisante ». La ville a conservé une qualité de vie inégalée avec ses rues interdites à la circulation automobile et le soin employé à la restauration des maisons. Pour se replonger dans un monde aboli, aucun moment n'est plus favorable que les heures nocturnes, bleues, brodées de vieil argent, lorsque le centre est comme mort, que les lumières des réverbères composent une veillée spectrale, et que les loges des palais illuminées par des projecteurs font l'effet d'une galerie dans un théâtre vide, plongé dans l'obscurité et qui soudain s'allume pour recevoir les anciens acteurs. Lucques est une ville de légende. Certaines nuits, on peut apercevoir l'esprit de Lucida Mansi, cette bellissime jeune femme qui torturait ses amants après en avoir fait usage. Aux premières rides, elle vendit son âme au diable pour conserver sa jeunesse. Mais quand sonna l'heure fatale, on la vit parcourir les rues de Lucques dans un carrosse de feu conduit par Satan qui alla s'engloutir dans les eaux glacées du lac de l'actuel Giardino botanico.

Chaud et froid. Feu et eau. Non loin de la cité se tiennent de nombreuses stations thermales. La plus célèbre est celle de La Villa. Tradition oblige. Aujourd'hui, les établissements de Montecani Terme, à une vingtaine de kilomètres de Lucques, sont les mieux équipés et les plus élégants d'Italie. Là, Montaigne se baigne le jour à la lumière des torches de cire. Il se baigne au milieu de la nuit, sous d'âcres résines. Et il boit des litres et des litres d'une eau tiède et limoneuse. Et pourtant, il doit bientôt constater l'échec : « *Je commençais à me trouver incommodé de ces bains.* » Notre baigneur va-t-il partir pour goûter les eaux de Viterbe ?

Le 7 septembre 1581, on lui apporte une lettre d'un de ses amis bordelais l'informant qu'il a été élu maire, le mois précédent, par les jurats de Bordeaux, d'« un consentement unanime ». Montaigne hésite, s'interroge, tourne et retourne la lettre entre ses doigts fins. Bientôt, lui parvient une mise en demeure du roi de France. Henri III, qui a connu les délices italiennes et mis si peu de bonne volonté pour reprendre le chemin de Paris, le somme de revenir. L'auteur des *Essais* ne sera pourtant à Bordeaux que deux mois plus tard. La route pour revenir d'Italie est forcément un chemin de traverse.

On a beaucoup glosé sur la désinvolture du voyageur à l'égard des œuvres d'art, son peu d'intérêt apparent pour les grands artistes de la Renaissance italienne. Chateaubriand s'émeut de cette absence. Quoi ? Pas de Vinci, pas de Giotto ? Et Stendhal, tout rempli de lui-même, bouffi d'esthétisme dans ses *Promenades à Rome*, écrit le 28 novembre 1828 : « Je vais acquérir la réputation de méchant. Qu'importe [...] Quand Montaigne passait près de Florence, il y avait seulement dix-sept ans que Michel-Ange était mort. Les fresques divines d'André del Sartro, de Raphaël et du Corrège étaient dans toute leur fraîcheur. Eh bien ! Montaigne, cet homme de tant d'esprit, si curieux, si désoccupé, n'en dit pas un mot. »

Un tel « manque » pourrait s'expliquer par la réticence de l'auteur des *Essais* à l'encontre de tout ce qui trahit l'étude. Si l'on est savant, il faut surtout ne pas affecter de le paraître. La finesse d'esprit se reconnaît dans le *sfumato* de Leonardo, cette manière d'effacer les contours trop évidents du savoir.

Pourtant, Montaigne n'échappe pas à la pédanterie des humanistes quand il s'agit de souligner le bien-fondé d'une citation latine ou grecque. Alors, pourquoi cette méfiance apparente à l'encontre de l'œuvre d'art ? Finement, François Rigolot nous suggère l'influence du néoplatonisme chez Montaigne. Un reste de sévérité socratique vis-à-vis des représentations artistiques : elles sont des simulacres destinés à flatter les sens et non à chercher la vérité. Qui sait si le maniérisme exubérant des peintres italiens ne rappelle pas au voyageur les « bouffissures » des poètes et des philosophes qu'il fuit ?

« *Si j'étais du métier, je naturaliserais l'art comme ils artialisent la nature* » (III, 5).

Et nous, ne nous arrive-t-il pas d'avoir parfois, nous aussi, la nausée devant cette profusion artistique ? Devant ces madones qui ouvrent sur le ciel des yeux énormes pour ne rien voir, entourées, frottées, pressées par ces tas de saints, ces profusions d'angelots, avec leurs doigts tendus qui ne montrent que le vide ? Devant ces Neptune ou ces Jupiter antiques qui sont mous en dépit de leurs pectoraux doubles et de leur double bande de muscles aux bras ? Faut-il vraiment nommer toutes ces œuvres ? Faut-il même toutes les voir au risque d'être le touriste qui fait en série ? Qui de nous n'a songé une fois ici à Degas qui proposait de décourager les arts et qui pestait contre cette foule d'artistes qui, dans les bonnes époques, font tous à peu près la même œuvre habile et savante ?

Matteo Civitali, Garofalo, Benedetto da Majano, cent autres, ils n'eussent que vécu, il ne manquerait rien à l'art. Et pourtant, c'est d'eux que l'art regorge et que les musées sont pleins. Mais il y a une autre raison à cet épais silence. D'autant que, parfois, ce dernier est rompu quand Montaigne, par exemple s'attarde, à Rome, sur le *Moïse* de Michel-Ange ou admire, à Florence, les célèbres tombeaux des Médicis dans l'église San Lorenzo. Et cette raison est la même qui creuse l'absence du Parthénon, pourtant l'orgueil du « siècle » de Périclès dans les *Dialogues* de Platon, alors que Socrate et ses jeunes disciples passent devant plusieurs fois par jour.

C'est que Montaigne et son cher Socrate ont croisé en cheminant quelque chose de plus beau qu'une cathédrale ou qu'un temple, de plus profond qu'une peinture ou qu'une statue : l'homme. Et c'est fort de cette certitude qu'il rentre en France, infiniment plus « délié », et nous avec lui. Il peut désormais se dire : « *L'Italie n'est point en Italie Elle est toute où je suis.* »

2

UNE PHILOSOPHIE BUISSONNIÈRE

La chair du monde

Il n'a pas fait école. Et c'est tant mieux. Il n'a pas de disciple non plus. Et c'est heureux. Pas de modèle, pas de doctrine, pas de catéchisme. Son nom, lui-même, paraît rétif à toute déclinaison : faut-il écrire montanien, montaignien ou montainien ? Ses « amis » universitaires en débattent encore. On le cherche en vain dans les manuels de philosophie, quand on y trouve Jean-Paul Sartre ou Michel Tournier. L'auteur des *Essais* est parfaitement conscient de son caractère inclassable et semble même le revendiquer sur le plan de l'existence personnelle ou, à tout le moins, sur le plan des étiquettes politiques et religieuses en son temps qu'on souhaitait lui accoler et qu'on lui accole encore.

D'où parles-tu, Montaigne ? Sous la plume de Niestzche, cette question sondait les valeurs de l'impétrant. Aujourd'hui, elle masque une convocation à se rendre au Grand Tribunal de l'Inquisition. Aussi notre gentilhomme répondrait-il à ses « juges » : « *Vous me demandez où je suis. Je suis nulle part. Je ne suis ni dans le courant du présent, ni dans aucune autre pensée philosophique.* » Il ne s'agit pas là d'une volonté délibérée d'originalité. Ne serait-ce que pour Montaigne, il n'y a pas de pensée nouvelle qui ne soit une reprise. Non. Il estimerait que cette méconnaissance dans laquelle on le tient est largement imputable non à son œuvre, mais à sa position quelque peu détachée du spectateur qui vit d'autant mieux la pièce dans son entier qu'il n'y est pas impliqué. L'auteur des *Essais* n'y peut rien, il est un prince du doute, un seigneur du scepticisme, un châtelain de la perpétuelle remise en question.

Et ce besoin permanent de douter, il le place à côté du tout aussi impérieux besoin de pensée. Normal. Il récuse le monopole de ceux qu'il nomme les « *doctes* ». Il estime que le besoin de juger, de critiquer, d'analyser, de soupeser en tant que faculté humaine est bien partagé et que le sage ne saurait se retrancher dans une tour d'ivoire inaccessible, la compagnie lui étant aussi indispensable qu'aux autres hommes.

« *Je ne suis pas philosophe* » (III, 9).

Montaigne affirme bien haut sa liberté face aux systèmes, par rapport aux doctrines philosophiques. Il n'est pas philosophe, il est mieux que cela : un sage qui philosophe en chemin. Aucun péage conceptuel ne limite l'accès à ce sentier, il est ouvert à tous : aux athlètes de la pensée et aux souffles courts, aux rigoureux et aux rêveurs, aux jeunes et aux anciens, aux amoureux et aux misanthropes. La voie nous guide et nous l'inventons à chacun de nos pas. La philosophie de Montaigne est buissonnière et répond au souhait de Schopenhauer dans son *Contre la philosophie universitaire* : « Le chemin qui mène à la vérité est escarpé et long ; on ne l'accomplit pas avec un boulet au pied ; on aurait plutôt besoin d'ailes. Aussi voudrais-je que la philosophie cessât d'être un métier : la sublimité de son effort ne s'accorde pas avec cette façon de faire. »

Car l'auteur des *Essais* ne dédaigne pas la philosophie. « *Mes mœurs ne sont pas naturelles ; je n'ai point appelé à les bâtir le secours d'aucune discipline. Mais toutes imbéciles qu'elles sont, quand l'envie m'a pris de les réciter, et que, pour les faire sortir en public un peu plus décemment, je me suis mis en devoir de les assister et de discours et d'exemples, ce a été merveille à moi-même de les rencontrer, par cas d'aventure conformes à tant d'exemples et discours philosophiques* » (II, 12).

Simplement Montaigne ne veut pas être considéré comme un professionnel de la réflexion conceptuelle. Dans *Signes*, Merleau-Ponty écrit à propos de l'auteur des *Essais* : « Nous posons toujours les questions comme si elles étaient universelles, comme si en un instant nous choisissions avec notre bien celui de tous les hommes. Et si c'était un préjugé ? » Que n'avons-nous écouté davantage Socrate quand il lance au sophiste Protagoras : « Tu ne sais pas à qui tu confies ton âme, ni si c'est pour ton bien ou ton mal. »

Il y a des hommes qui vont de la politique à la philosophie ; d'autres qui vont de la philosophie à la politique. L'inévitable, c'est d'aller de l'une à l'autre, en ceci comme en tout. Or, bon nombre de philosophes se sont montrés et se montrent incapables de passer sagement du *bios theorikos* au *bios politikos*, de la vie théorique à la vie politique, de la contemplation à l'action. A date fixe, ils rééditent la malheureuse aventure de Platon auprès du tyran de Syracuse, Denys le Jeune. Ce dernier était un ami proclamé de la philosophie, mais seulement en paroles : dans l'existence quotidienne, il se comportait exactement comme son despote de père, ni mieux, ni plus mal.

Dans *Sur le blabla et le chichi des philosophes*, un petit livre (par la taille seulement) où souffle souvent l'esprit de Montaigne, Frédéric Schiffter souligne combien l'on se montre indulgent à l'égard de Sartre. Interrogé à maintes reprises sur son stalinisme prosoviétique puis prochinois, le philosophe germanopratin déclara n'avoir rien fait d'autre que se tromper et ce, en dépit de chaque procès truqué, de chaque purge, de chaque massacre dont il avait été le témoin.

Interrogé par un citoyen d'Athènes sur son soutien au despote sicilien, Platon aurait certainement produit la même réponse. Son idéal de tyran philosophe étant moralement juste, seuls les faits bêtes et têtus s'étaient obstinés à avoir tort ; par conséquent, il avait eu raison de se tromper. Ce penchant au tyrannique serait-il une des tentations permanentes de nos traîtres penseurs ?

Et si tel est le cas, pourquoi Montaigne qui eut toutes les possibilités d'être le conseiller du prince, et même davantage, échappa-t-il à la règle ? Et pourquoi aussi bien Platon que Heidegger, qui s'accordaient sur la prééminence du *bios theorikos*, voulurent-ils néanmoins redescendre du Ciel des Idées pour retourner dans la caverne des affaires humaines ? Parce qu'ils estimaient avoir découvert la vérité, qu'ils étaient persuadés détenir un « savoir », et qu'ils ne pouvaient pas laisser le gouvernement entre les mains des ignorants ? Les penseurs s'épuisent à tourner le dos aux apparences. Montaigne, lui, vit dans le monde réel et pas dans le monde apocryphe que le philosophe se construit.

*

Trop de philosophes veulent transformer le monde quand ils s'adaptent comme nous tous en dépit de leurs belles théories et se soumettent à lui.

Au XVIe siècle, comme aujourd'hui, le théoricien mène ses pensées en conformité avec ce qu'il sait qu'on attend de lui et avec ce qu'il espère des autres. Je ne veux pas insinuer par là que tous (ne) veulent (que) plaire : mais qu'il y a une relation entre ce qu'ils pensent et ce qu'ils désirent. Dès que le philosophe considère qu'il a une fonction sociale et politique, à l'instar de Platon ou de certains de nos « Modernes », il doit nécessairement savoir s'y plier et y conformer sa théorie. Sa conviction profonde porte sur l'aspect social, médiatique de son activité, et repousse ses autres convictions vers la surface. Il change de croyance non sous la pression des faits établis, mais sous celle de sa conviction profonde qui est que ses idées dépendent de leur succès, et encore plus du sien. Pas Montaigne. Avant d'enfourcher les trompettes de l'éthique, il commence par une morale du comportement.

C'est cette morale qui manque tant à ceux qui louaient hier l'Union soviétique ou le modèle chinois, et qui encensent aujourd'hui les Etats-Unis. Même terme, même ferveur, même intégrisme.

Engagé dans l'action, l'auteur des *Essais* ne se laisse pas prendre par la tempête, il garde toujours une distance et son impartialité. C'est un acteur désintéressé – au sens où Kant parlait de désintéressement –, doit-on dire : « en dépit » de son intense attention à l'égard de son temps et de son souci de le comprendre ? Tout se passe comme si – quelle que fût sa passion à défendre sa liberté –, il avait été enrôlé contre son gré dans les événements de son époque, comme happé par cette ruse de la raison.

Le retrait de celui qui veut méditer sur l'action ne peut être que partiel et provisoire : l'homme est dans le monde mais aussi du monde. Il en fait partie. Montaigne nous incite à faire du monde notre séjour sans cesser un instant de méditer sur lui, sans nous laisser submerger par l'événement, puisque la signification véritable de ce dernier dépasse toujours toutes les causes passées qu'on peut lui assigner.

Pour un Alain Finkielkraut qui a dégagé des décombres des Twin Towers le concept éclairant de « crime originel », combien de philosophes dont la pensée a vidé les étriers après l'effroyable secousse du 11 septembre 2001 ? Plusieurs mois après la catastrophe, la majorité d'entre eux demeuraient bouche bée, comme les oiseaux d'Aristophane prêts à ingurgiter la becquée d'une *sophia ex machina*. On sait bien qu'à leurs yeux, philosopher c'est découvrir le sens premier de l'être mais on ne philosophe pas en quittant la situation humaine, ainsi que l'écrit Merleau-Ponty dans son *Eloge de la philosophie*, « il faut au contraire s'y enfoncer ».

S'enfoncer dans le sensible, dans le temps, dans l'histoire, vers les jointures. Il convient d'aller loin encore malgré le sang, le pus et les humeurs, comme Ambroise Paré qui, avec infiniment de patience, sortit une à une les échardes de la tête d'Henri II après que la lance de Montmorency lui fut rentrée par un œil et ressortie par l'oreille opposée.

Montaigne place au même degré la pensée et l'action en les arrimant fermement l'une à l'autre grâce à ce « retour aux choses mêmes » (Schelling). Se faisant, il répond à l'énigme posée par Caton : « Jamais plus actif que lorsqu'il ne faisait rien, jamais moins seul que lorsqu'il était seul. »

*

« *Que nous dira donc en cette nécessité la philosophie ? Que nous suivons les lois de notre pays ? C'est-à-dire de cette mer flottante des opinions d'un peuple ou d'un Prince, qui me peindront la justice d'autant de couleurs et la reformuleront en autant de visages qu'il y aura en eux de changements de passion ?* » (II, 12).

La philosophie occidentale a souvent été mal à l'aise avec la politique. Elle interprète facilement les liens entre gouvernants et gouvernés en termes de purs rapports de domination et de violence. Montaigne qui échappe à cette idée n'est donc pas un philosophe. Il est la grande exception. Penseur par excellence de cette pluralité qui est la chair du monde, au même titre d'ailleurs que Socrate (à ceci près – et le bémol est de taille – que sa maïeutique est dirigée vers lui-même avant de l'être vers les autres), il s'intéresse à lui et aux hommes, non à l'Homme. Il ne possède pas une vérité dont la multitude serait exclue. Il ne prétend rien enseigner à qui que ce soit. Il ne détient aucun savoir susceptible de guider l'action. Il n'a nullement l'ambition de gouverner la cité, tout au plus d'être son « taon », de l'aiguillonner.

Sa seule certitude consiste dans la reconnaissance de la pluralité intrinsèque à l'agir et dans la valeur de l'échange des opinions entre pairs, entre amis. Si montanisme il y a, on le trouve dans cette pensée élargie, cet esprit qui s'évase sous le tour du potier qu'est l'homme et qui parvient à se mettre à la place d'un autre artisan.

Attachons-nous à comprendre cette volonté de Montaigne de se démarquer des théoriciens du politique. Cette distance est revendiquée au nom d'un impérieux besoin de réconcilier. C'est pourquoi sa pensée a la force et le courage non seulement de voir le monde, mais de voir le monde de tout le monde.

Montaigne ne cherche pas de réponses philosophiques aux problèmes politiques, ni des solutions politiques aux questions philosophiques. L'Idée n'est et ne sera jamais qu'un paravent qui masque des choses bien différentes, bien plus importantes qu'elle. Elle n'est qu'un prétexte, un instrument de secours. La pensée, quand elle fait abstraction des réalités humaines, est un phénomène magnifique mais, une fois diluée et diffusée dans une masse d'êtres passionnés et ignorants, elle finit par ne plus être que hurlement et tumulte.

Montaigne n'a jamais eu la prétention d'éduquer les masses. Il s'adresse à l'homme qui est tout ce qui nous intéresse : à l'homme au sens multiple du mot ; à l'homme essentiel et à l'homme placé de façon empirique dans des circonstances de lieu et de temps, sans omettre l'animal humain dans son rapport à la nature.

L'homme masse n'existe pas pour lui. Bien que l'idée de masse puisse s'appliquer justement à tout ce qui est volume ou matière, elle ne nous aide pas à définir l'homme, car cette notion physique et mathématique ne contient pas un atome d'humanité.

Pardonnez-moi de dire de telles lapalissades mais tout doit être dit de nos jours. A l'époque de la confusion des ressentiments, il est urgent de remettre quelques idées en place. Ceux-là mêmes qui prétendent défendre les communautés humaines contre leurs plus abominables exploiteurs se sont emparés du concept de masse pour le subvertir en catégorie sociale, éthique et même esthétique.

Naguère, les philosophes luttaient pour l'avènement de l'homme-masse nouveau, mais c'était, admettent-ils, une erreur ; à présent, ils défendent les droits de l'homme-masse et l'enfant-masse (Hérode, l'auteur du massacre des Innocents, doit être heureux d'une telle monstruosité) et cette fois, à leurs yeux, ce serait juste. Après un rapide survol des charniers – on ne va pas s'attarder sur ce qui fâche –, ils ont abandonné la politique pour l'éthique mais il s'agit toujours de faire notre bonheur, de nous rendre plus humains, plus ontologiquement présentables. Bref, d'appliquer partout ce que l'écrivain Hervé Guibert nommait *le* « protocole compassionnel ».

A bas la Ligue ! A bas la Réforme ! Ni âge d'or mythique ni avenir radieux. Si Montaigne nous manque tant, c'est parce qu'il fut le premier et le dernier à priver la condition humaine de l'horizon consolateur et totalitaire d'une solution. Pour lui, il n'y a pas de problème humain, il n'y a que des interrogations. Les *Essais* est le grand livre des questions.

*

« Il n'y a rien d'extraordinaire à ce que, soit dans la conversation commune, soit dans les livres, on comprenne mieux un auteur qu'il ne s'est compris lui-même, cela parce qu'il n'avait pas suffisamment déterminé sa position et qu'ainsi il parlait et même pensait quelquefois contrairement à ses propres vues. » Ainsi parle Kant dans la *Critique de la raison pure*.

Les *Essais* constituent, à coup sûr, un livre contestable pour un philosophe car s'y accumulent plus qu'il n'est permis les contresens sur les citations, les à-peu-près, les réfutations bancales, voire les contradictions. Livre contestable, donc, mais également livre admirable grâce à son souci du monde, ses intuitions à l'état sauvage qui surgissent imprévisibles dans leur dérangeante nouveauté.

Livre vulnérable aussi : l'auteur y fait preuve d'une humanité fragile en prenant les plus grands risques, plus conservateur que les conservateurs et plus moderne que les modernes, moquant durement les clercs et convoquant sans cesse les Anciens. Livre fraternel enfin : en dépit des « sombres temps » dont il est le témoin, Montaigne ne cesse de nous dire et de nous redire : Ne craignez pas ; vous êtes plus forts que les puissants du siècle et plus malins que les intellectuels qui ont l'ambition de vous montrer le chemin, comme le joueur de flûte conduisait les rats.

Souvent essayant d'entrer dans un ouvrage de Platon, de Leibniz, de Kant ou de Hegel vous avez cherché en vain dans le taillis des concepts l'idée claire qui vous mènerait au cœur de l'auteur. Vous avez rebroussé chemin en vous disant : « La philosophie, ce n'est pas pour moi. » Détrompez-vous, si ces sages sont longs, répétitifs et souvent filandreux, c'est parce qu'ils ne sont pas – eux – faits pour vous !

Montaigne est un écrivain, certes, et qui sait trop bien faire de l'art avec lui-même, mais plus encore un homme aux prises avec la désespérante absence et l'appétit de présence qui font croyance ou non-croyance, l'humanité de chacun et de tous. Ainsi éclate dans les *Essais* la vérité humaine comme de la dynamite (Nietzsche ne s'y était pas trompé), quand, dans les autres feux d'artifice, n'explosent que des pétards mouillés.

Une gaie ignorance

C'était un temps où l'on croyait tout. Les protestants rigides, prêts au martyr, avaient, Coligny excepté, des chefs platement ambitieux, concussionnaires et débauchés ; le peuple catholique décidé à sacrifier son repos, son argent, ses enfants à la défense de la foi, idolâtrait une tribu d'aventuriers princiers auxquels le fanatisme servait de tremplin électoral – en 1562, les Guise ne songèrent-ils pas sérieusement à passer au calvinisme ?

La passion religieuse servait des intérêts platement terrestres. Sous le masque de la foi, les féodaux revenaient. Des décennies de guerre civile rendaient les provinces aussi peu sûres que le sera, des siècles plus tard, la Chine des Seigneurs de la guerre. Les rivalités des gouverneurs entretenaient parmi les villes une guérilla médiévale sous le prétexte de défendre d'antiques libertés.

Il fallait croire coûte que coûte. Le XVIe siècle commence comme une fête italienne et s'achève avec le « mal italien » : l'esprit des peuples est vérolé par la croyance. La Renaissance débute comme une délivrance : c'est sans remords ni peur que l'âme passe à cheval sous la voûte de la mort et elle se termine par la crainte du coq noir, du déluge, des dragons et des chiens à six têtes qui résistent aux exorcismes des évêques ou des pasteurs. Bref, on attendait l'aurore de la pensée et l'on est plongé dans des ténèbres telluriques.

« *Tous les abus du monde s'engendrent de ce qu'on nous apprend à craindre de faire profession de notre ignorance, et que nous sommes tenus d'accepter tout ce que nous ne pouvons réfuter* » (III, 11).

Le subtil Lichtenberg, cet éclaireur allemand dont chaque aphorisme était un éteignoir posé sur Les Lumières, disait : « Aujourd'hui, on célèbre partout le savoir. Qui sait si un jour on ne créera pas des universités pour rétablir l'ancienne ignorance ? » On touche là un problème fondamental : qu'en est-il de la volonté de savoir ? Est-elle aussi réelle qu'on le dit ? En avons-nous tellement envie ? On ne peut pas ne pas vouloir savoir mais, dans le même temps, à cause de tous les déboires attribués au triomphe de la raison, l'on n'en finit pas de regretter nos ignorances. Quelle est alors la combinaison idéale, c'est-à-dire utile à la vie, de vérité et d'illusion ? La dose que l'être humain est prêt à supporter est probablement beaucoup plus réduite qu'on n'aimerait le croire. Mais cela ne saurait pour autant constituer un argument en faveur de l'erreur.

« *D'apprendre qu'on a dit en fait une sottise, ce n'est rien que cela ; il faut apprendre qu'on n'est qu'un sot, instruction bien plus ample et importante* » (III, 13).

Il y a chez Montaigne non pas un gai savoir, mais une gaie ignorance. Que demande-t-on à la connaissance ? La quiétude. Or, que constatons-nous ? Elle jette le trouble dans les esprits. Avant d'aller plus loin, reconnaissons que toutes les ignorances n'ont pas la même valeur. « *L'ignorance abécédaire* » (I, 31), celle du discours commun, comme « *l'ignorance doctorale* » (I, 54), celle du discours théorique sont, chacune à leur manière, une méconnaissance... de leur ignorance. Elles s'ignorent elles-mêmes. L'une de ne rien connaître, l'autre de cesser d'ignorer. Ces ignorances-là n'intéressent pas Montaigne. Qu'est-ce que les *Essais ?* Un livre sur la connaissance qui conclut à l'ignorance et propose de s'y tenir comme à un bien précieux.

« *O que c'est un doux et mal chevet, et sain que l'ignorance et l'incuriosité, à reposer une tête bien faite* » (III, 13).

Plus d'une fois, notre ami insiste : l'ignorance est « *ma maîtresse forme* » (I, 50), écrit-il. Propos troublant puisqu'il conduit à faire de l'ignorance la forme humaine de la sagesse. Mais intuition juste car Montaigne, avant de saluer l'ignorance, a fait un long détour par les chemins de la connaissance. Dans *Montaigne à bâtons rompus*, le philosophe Joseph-Guy Poletti a traqué l'« ignorance royale » de l'auteur des *Essais*. Je préfère parler, pour ma part, de « gaie ignorance ».

Qu'est-ce que cette « gaie ignorance » ? Elle se démarque des autres par le fait qu'elle est paradoxalement une connaissance – et sans doute la plus haute, la plus ardue, la plus difficile à acquérir, mais une connaissance qui se connaît et s'accepte dans la connaissance retrouvée de son ignorance.

Portrait du philosophe en ignorant ? Montaigne, en tout cas, sait qu'il ne sait rien. Cet antiplatonicien reprend pour le coup à son compte la définition socratique de l'ignorance : la gaieté qu'il revendique jusque dans l'ignorance ne se distingue pas de la connaissance, elle se confond avec elle. C'est l'idée si forte aujourd'hui que le tracé des découvertes n'est pas linéaire, soumis à un progrès et à une finalité. Certes, il est toujours possible d'augmenter le volume des connaissances, les sciences nous en fournissent la preuve chaque matin, mais rien de neuf ne peut venir de cette accumulation – aucune vérité susceptible de nous épauler. La connaissance humaine, et c'est précisément ce qui lui donne sa dimension tragique, est une connaissance pour rien. Une connaissance capable de transformer un monde qui, par nature, demeure étranger à toute explication.

« *Qui veut guérir de l'ignorance, il faut la confesser.* »

« *Je ne traite à point nommé de rien que du rien, ni d'aucune science que celle de l'inscience* » (III, 12).

Quel défi que celui lancé par une pensée qui constate à la fois que le monde est régi par des lois générales et que ces mêmes lois sont inconnaissables !

Montaigne est bien notre contemporain absolu ; sa voix résonne d'un temps où l'on s'impatiente dans le carcan de la pensée abstraite, où l'on tourne comme un lion en cage dans la rumination théorique, parce qu'on la sent incapable de comprendre une nature en proie au changement perpétuel et à la création infinie. On feint de l'oublier mais le XVIe siècle fut précédé par une époque qui avait porté la logique à un très haut degré de perfection. Or :

« *Il est advenu aux gens véritablement savants ce qui advient aux épis de blé ; ils vont s'élevant et se haussant, la tête droite et fière tant qu'ils sont vides ; mais quand ils sont pleins et grossis de grains en leur maturité, ils commencent à s'humilier et à baisser les cornes* » (II, 12).

D'où la nécessité d'apprendre à ignorer. Il y a la science et l'« *inscience* ». Et seule la seconde reconnaît notre condition naturelle, notre humaine condition. Quel plus beau modèle de cette gaie ignorance que la figure de Socrate ? Montaigne rapporte que le philosophe fut un jour averti qu'on lui avait trouvé le surnom de Sage. Son étonnement fut grand. Il se comparait à d'autres hommes plus vaillants, plus savants, plus éloquents, plus beaux aussi. Enfin il ne résolut à accepter le fait tout simple qu'il n'était sage que « *parce qu'il ne s'en tenait pas* [qu'il ne se croyait pas tel] [...] *et que sa meilleure doctrine était la doctrine de l'ignorance, et sa meilleure sagesse, la simplicité* » (II, 12). Cette sagesse, Montaigne va la porter à son point d'incandescence.

Les portraits d'Arcimboldo

Par jugement, on entend, aujourd'hui, l'intervention intempestive du moi qui, comme on dit, « juge de tout » en donnant son avis sur tout. Chacun est actuellement invité à penser de manière autonome et pourtant, curieusement, tout le monde semble penser selon le même patron : délices du relativisme dogmatique qui sert maintenant de fond de sauce à tous les avis qui manquent singulièrement de « jugeote ».

Or, le jugement, c'est bien autre chose. Juger, en effet, est tout l'inverse de cette parole spontanée qui nous permet d'assigner une personne, un événement, une situation, une œuvre d'art au camp de la lumière ou à celui des ténèbres.

Juger, c'est avoir du recul sur les choses et non le nez collé sur leurs virtualités, savoir les évaluer pour ce qu'elles sont, en ne se laissant pas prendre au piège des apparences, tout en comprenant que celles-ci ne sont pas à mépriser.

Le monde est un théâtre ; cette proposition en appelle une deuxième qui la transpose sur une autre frontière de l'existence et dont Calderón fait le titre d'une de ses « comédies » : *La Vie est un songe.* Dans Figures I, Gérard Genette écrit : « Une dialectique perplexe de la veille et du rêve, du réel et de l'imaginaire, de la sagesse et de la folie, traverse toute la pensée baroque. »

Que jugeait-on au XVIe siècle, que juge-t-on aujourd'hui ? Au vertige cosmologique provoqué par la découverte du Nouveau Monde (« *Notre monde*, dit Montaigne, *vient d'en trouver un autre, et qui nous répond si c'est le dernier de ses frères ?* »), vient s'ajouter un vertige métaphysique qui en est comme le double intérieur.

Borges a exploré avec génie cette angoisse. Ce que nous prenons pour réalité n'est peut-être qu'illusion, mais qui sait si ce que nous prenons pour illusion n'est pas non plus réalité ? Si la folie n'est pas un autre tour de sagesse, et le songe une vie un peu plus inconstante ?

« *Quand on juge d'une action particulière, il faut considérer plusieurs circonstances et l'homme tout entier qui l'a produite avant de la baptiser* » (II, 10).

Montaigne, qui a bien des fois relevé les défaillances du jugement (« *Tout jugement en gros sont lâches et imparfaits* », III, 8), en fait pourtant grand cas quand il s'agit d'exhiber ses qualités. Il reconnaît volontiers aux autres hommes l'avantage du courage, de la force corporelle, de l'expérience, de la beauté ; mais « *l'avantage du jugement* », il ne le cède « *à personne* ».

On a vu que le premier écueil où risquait de se fracasser le jugement était le monde des apparences, mais il y en a bien d'autres. A commencer par la tentation de croire que, par principe, tout ce qui est personnel s'avère trompeur et que tout ce qui est pensé doit se révéler abstrait. La faute à ces clercs qui n'ont rien d'autre à faire que d'« *interpréter les interprétations* ». En suivant leur démarche, « *nous ne faisons,* dit Montaigne, *que nous entregloser* » (III, 13, 1045).

Autre écueil : ce que déjà, au XVIe siècle, on nommait l'opinion publique. On n'a pas forcément raison parce que l'on est à plusieurs et tort parce que l'on est seul. Ni l'inverse. Le jugement ne dépend pas du nombre de personnes qui adhèrent à une opinion, mais de la qualité de la pensée qui s'y trouve. Le rappel peut paraître superflu ou encombrant, mais une infinité de personnes auront beau adhérer à une opinion fausse, ce n'est pas pour cela que celle-ci en deviendra vraie, sauf à céder à cette tentation permanente de conférer à la puissance du nombre une vertu mystique capable de transformer le plomb en or, le faux en vrai, le mal en souverain bien. Or, si on parle d'alchimie, la vérité est mercure : elle est insaisissable.

On n'a pas philosophiquement raison parce que l'on est politiquement majoritaire. Au contraire, tout avis qui enfle, se propage et souffle dans les têtes creuses doit être pris avec infiniment de précaution. Il fallait au XVIe siècle un seul sermon pour que la Ligue des Guise enflamme Paris. Il suffit d'une déclaration d'un leader populiste pour enfiévrer l'Europe. Rien n'aveugle plus que le nombre, rien n'est plus dangereux que la meute qui se met à croire qu'elle a raison parce qu'elle se sent forte d'être une meute.

Montaigne parvient à éviter ces écueils. Il repousse l'idée que la vérité se trouve dans les choses plutôt que dans les pensées, comme si l'existence d'une chose, sa manifestation, suffisait à fonder la vérité. Et il rejette la foi dans la pensée, cette forteresse noire qui, du haut de son donjon crénelé, ébouillante le réel tout crotté. Il faut que l'un et l'autre s'y résignent : ni l'objet ni le sujet ne peut prétendre détenir seul la vérité. Montaigne inaugure bien avant la phénoménologie une pensée de leur incessante interaction :

« *Il n'y a aucune constante existante, ni de notre être, ni de celui des objets. Et nous, et notre jugement, et toutes choses mortelles, vont coulant et roulant sans cesse. Ainsi il ne se peut établir rien de certain de l'un à l'autre, et le jugeant et le jugé étant en continuelle mutation et branle* » (II, 12).

Bien sûr, Montaigne est le premier à chanter les louanges de l'intériorité. Bien sûr, il sait qu'un des chemins qui mènent à la nature passe par nous. Mais il a cherché à nous donner une clef dont on pourrait user ainsi : le sujet et l'objet, l'idée et le réel, le jugeant et le jugé doivent être disponibles tous deux et s'accorder si l'on veut qu'il y ait une rencontre.

« *Les hommes aux faits qu'on leur propose, s'amusent plus volontiers à en chercher la raison qu'à en chercher la vérité. Ils laissent là les choses et s'amusent à en traiter les causes* » (III, 13).

Ne pas « laisser là » les choses, ni les regarder de haut. Reconnaître qu'elles ont leur part de vérité, de liberté, d'autonomie. Voilà un pari audacieux mais qui nous parle davantage aujourd'hui. La Renaissance, moitié galion, moitié nef des fous, cache dans sa cale d'étranges marchandises. Ayons juste à l'esprit ces portraits d'Arcimboldo. Ces hommes-fruits, ces hommes-légumes, ces hommes-fleurs. Qui du sujet ou de l'objet a ici le dernier mot ? Qu'importe !

On pourrait rattacher la pensée montanienne à nos états d'âme face à la science tenue pour agressive et inhumaine. Or la science ne partage-t-elle pas avec nous précisément cette « *raison déraisonnable, folle et forcenée* » ? Elle est violente non pas parce qu'elle serait devenue étrangère à l'homme mais bien parce qu'elle est, depuis Faust, notre plus proche compagne. La servante docile de nos désirs et de nos caprices. L'exécutrice de notre volonté de maîtrise.

Décidément, « *ce grand corps que nous appelons le monde est chose bien autre que nous ne jugeons* ». Montaigne pense avec rigueur, s'agissant de soi. Il en vient à s'estimer à sa juste valeur. Il ne se surestime ni ne se sous-estime. Ce qui le conduit à ne pas se comporter vis-à-vis des choses en oppresseur et, par conséquent, à ne pas tomber à leur égard dans une conduite de dépendance. Ayons donc d'abord du jugement à l'égard de nous-mêmes et nous serons sûrs de commencer à introduire partout sinon de la vérité, du moins un peu d'humanité.

Un nihilisme créateur

Pourquoi y a-t-il rien plutôt que quelque chose ? Si on le prend au mot, le nihilisme est une pensée impossible. S'il n'y avait rien (*nihil*), il n'y aurait rien à en dire, et personne pour être nihiliste. Or on l'emploie à tort et à travers. Il y a encore quelques années, après avoir désigné les grands Russes qui soufflaient sur la pensée occidentale des bourrasques glaciales, le terme évoquait les adeptes de l'« à quoi bon », les jouisseurs d'une société bourgeoise crépusculaire. Aujourd'hui, il englobe les fous d'Allah et les terroristes, ceux qui croient au ciel et ceux qui n'y croient pas, les barbares qui s'écrasent contre les Twin Towers, et les vandales qui brûlent les voitures ; les philosophes du renoncement et les théoriciens de l'enseignement radical.

Qu'il n'y ait pas rien, c'est entendu, mais rien ne prouve que ce qui nous sépare du néant soit un être. Il se pourrait qu'il n'y ait rien qui soit, dit Montaigne dans l'*Apologie de Raimond Sebond*, mais que toute chose vivante simplement devienne et meure.

« *Nous embrassons tout, mais nous n'étreignons que du vent* » (I, 31).

Pas d'être : le devenir. Pas de néant : l'apparence. Ce nihilisme créateur non absolu mais relatif n'est que le refus poussé jusqu'au bout de toute ontologie.

Rien n'est : tout paraît. Rien ne demeure : tout disparaît. Il n'y a donc, non pas rien, mais aucun être : *ne hilum*, pas la plus petite parcelle d'être pour résister à l'universel du devenir et du paraître.

Pensée extrême mais cohérente et qui depuis Héraclite ou le Bouddha (et aujourd'hui jusqu'à Marcel Conche, grand ami de Montaigne), n'a cessé d'accompagner pour les adoucir nos frayeurs, nos fatigues, nos peines et aussi nos joies. Si tout passe, rien ne s'efface... Voilà pourquoi le nihilisme de Montaigne n'a rien de désespéré, de torturé. Il est aussi jouissif et joyeux que l'image que l'auteur des *Essais* donne de la philosophie telle qu'il la voit :

« *On a grand tort de la peindre inaccessible aux enfants et d'un visage renfrogné, sourcilleux et terrible [...] Il n'est rien plus gai, plus gaillard, plus enjoué, et à peu que je ne dise folâtre. Elle ne prêche que fête et bon temps [...]. Les discours de la philosophie [...] ont accoutumé d'égayer et réjouir ceux qui les traitent, non les renfrogner et les contrister* » (I, 26).

Il faudrait prendre une mine attristée parce que le monde ne répond pas à nos questions ? Mais ce sont nos questions, et c'est l'homme alors qui est absurde de vouloir tenir « *des discours pour la naissance comme pour la décrépitude* » (I, 26, 163). N'est-il pas plus raisonnable de faire confiance à la vie telle qu'elle se révèle à nous et de « *taire* », comme l'indiquera Wittgenstein, « *ce dont nous ne pouvons parler* » ?

Le nihilisme de Montaigne ne va pas jusqu'à nier ce qui donne apparemment du sens à nos vies. S'il balaie tous les systèmes de la pensée humaine, s'il insiste sur la mutabilité de nos existences, le passage de la vie à la mort de toutes choses dans la nature, il aboutit bien à l'idée que Dieu, « *forme maîtresse* », est le seul principe fixe, immuable dans un monde de phénomènes en changement continuel.

La famille, la société, la nation, l'Etat royal : Montaigne souligne la nécessité de conserver également ces formes. Comment expliquer ce paradoxe pour l'homme sceptique ? En rappelant que Montaigne ne croit pas à l'individualisme radical, mais à une personne ondoyante et plurielle. L'individualisme absolu est un leurre. Si la seule possibilité pour réaliser son soi consiste dans la séparation définitive d'avec ses semblables, alors l'individualisme radical ne se déploie que dans la mort qui devient ainsi le *principium individuationis.*

La limite aux désirs, c'est le désir de limites. S'il ne divinise pas la société, Montaigne ne divinise pas l'homme. A y bien regarder, son nihilisme social est, à beaucoup d'égards, d'une nature bien particulière ; ce n'est pas un nihilisme... destructeur.

Aujourd'hui, l'auteur des *Essais* ferait la chasse aux baudruches de l'animisme sociologique pour les crever et les dégonfler. Il accomplirait là une œuvre salubre et salutaire de démythification, qui empêcherait que l'on puisse encore s'en réclamer. Ce que faisant, il nierait – seulement – ce qui n'*est* pas. Sa lecture n'abolit aucune réalité mais uniquement des abstractions et des illusions malfaisantes. Plus la connaissance des mondes progresse, plus il nous apparaît nettement que ces derniers sont dénués de sens et de valeur propre. Le nihilisme est l'expérience de ce non-sens. Le nihilisme montaignien ne dit pas qu'il n'y a rien, mais qu'il n'y a rien d'autre que le mouvement, cette « branloire pérenne », ce flux perpétuel dans lequel nous nous baignons à chaque seconde :

« *La vie est un mouvement inégal, irrégulier et multiforme* » (III, 3, 756).

Son nihilisme est négation de tout ce qui nie ce mouvement et glorification de tout ce qui l'exalte. Négation d'une négation – ce qui comme chacun sait aboutit généralement à une affirmation. Son nihilisme est un nihilisme créateur.

Dégarrotter la pensée

Il faudra donc nous y faire. Montaigne nous laisse chaque fois dans l'incertitude. Nous ne savons jamais si nous devons le prendre au pied de la lettre, nous ne savons pas si, au détour de telle ou telle phrase, il ne nous attend pas avec un sourire narquois. Quand l'auteur des *Essais* avance une opinion, esquisse une résolution, nous savons par expérience qu'il s'est embusqué au paragraphe suivant pour nous démonter. La peinture qu'il fait de lui-même, et par conséquent de nous tous, possède à chaque touche ce « *vuide* » (vide) dont il s'enorgueillit souvent.

Il n'y a pas un Montaigne, un être permanent. Sa vérité fluctue au gré de ses constatations. La philosophie dogmatique le fait bâiller. La raison ne l'enthousiasme guère : il en connaît les apories. Il se refuse à bâtir un système, il n'aime pas se sentir à l'étroit, il lui faut penser au grand air. Que veut-il faire ?

« *J'écrirai la façon de nos convives et de nos vêtements et l'écrirai de mauvaise grâce ; je publierai les édits de mon temps et les lettres des princes... Je ferai un abrégé sur un bon livre (et tout abrégé sur un bon livre est un sot abrégé)* (II, 5).

Le savoir le plus docte ne vaut rien devant la connaissance multiple qu'il veut avoir de lui-même. Et, pour se connaître, il faut s'écouter, se jauger, se placer devant un miroir perpétuel : ce miroir que certaines philosophies, et Montaigne lui-même, ont appelé la conscience et que d'autres ont nommé introspection.

Moi et mes multiples. La succession de ces « multiples » est semblable à ces miroirs baroques où les images, par le jeu d'un seul reflet, s'enchaînent à l'infini. Elle est goûtée par Montaigne parce qu'il endosse la responsabilité d'être lui-même avec ses contradictions et ses impossibles, ses sommets et ses abîmes. Et le fait d'accepter ces différents « moi » fait de lui un personnage bien en chair – et non un auteur en chaire –, un homme bien réel, une identité permanente.

Montaigne a découvert que « *moi à cette heure et moi sommes bien deux* ». Henri Michaux dira plus tard : « On n'est pas fait pour un seul moi et on a tort de s'y tenir. » L'auteur des *Essais* refuse son « *essence* ». Il l'écrit d'ailleurs nettement : « *Je ne peins pas l'être, je peins le passage ; non pas le passage d'âge en-autre ou comme le dit le peuple de sept à sept ans mais de jour en jour, de minute en minute : il faut accommoder mon histoire à l'heure.* »

*

S'il est vrai que Montaigne détourne ses pensées du général, s'il ose non seulement parler de lui, mais encore parler seulement de lui, comment puis-je prétendre me reconnaître dans son portrait ? Montaigne peintre de Montaigne ne serait pas plus mon contemporain que tous les lémures diaphanes qui nous abreuvent aujourd'hui de leur autofiction. Déjà, Bacon avait brocardé l'auteur des *Essais* qui s'était limité à « ce pauvre centre : l'activité d'un homme lui-même » en concevant, comme le dit sottement Pascal, « le sot projet de se peindre ».

Montaigne se distingue de la troupe des hommes qui pensent les uns d'après les autres. Les idées communes, le sens commun, les sentiments sociaux, les émotions populaires, l'opinion publique ne le rassasient pas. Il faut à cet estomac nourri de gibiers et de sauces épaisses des mets plus solides : Socrate, Virgile, Sénèque, Cicéron, Plutarque...

Est-ce pour autant qu'il s'est retiré de la communion des hommes de son temps ? Certainement pas. Ce serait grande vanité que de vouloir ainsi se distinguer : « *La vie commune doit avoir conférence aux autres vies.* » Loin de s'enfermer en lui-même comme un huguenot dans La Rochelle assiégée, il a sans doute été plus universel, plus humain que le commun de ses contemporains. Plus il se retire en son for intérieur, plus palpite en lui l'esprit du monde. Plus il se soustrait aux dogmes de son époque, plus il nous ressemble. Plus il se distingue des hommes de son temps, plus il se rapproche des hommes de tous les temps. Car, enfin, n'est-ce pas lui que nous voyons cheminer à travers les siècles, toujours le même et toujours divers ? Il suffit à Montaigne de nous parler de lui-même pour évoquer l'image de vingt autres penseurs et de nous entretenir de la seule année 1580 pour nous ouvrir une immense perspective sur tous les autres siècles.

On connaît l'antienne : ayant dépeint l'honnête homme, nos classiques ont peint l'humanité. Et c'est pour avoir représenté cet honnête homme qu'il était que Montaigne a pu nous parler à la fois de lui et de nous. Pourtant cette interprétation n'est pas convaincante. Elle entrave la démarche de notre ami, plus soucieux de questionner que d'établir, de renouveler sans cesse le mouvement qui ouvre à la pensée plutôt que de fonder une doctrine. « *Les autres forment l'homme ; je le récite.* »

L'honnête homme est borné et guindé dans son idéal de convention : son visage n'a pas de traits particuliers, sans doute, mais ce visage est immobile. La figure de l'homme universel est un masque mortuaire. Pas celle de Montaigne qui, par toutes sortes de grimaces, sait se prêter à lui-même bien mieux que le visage général de l'Homme : tous les visages particuliers des hommes. C'est le génie de Montaigne d'avoir ainsi créé une anthropologie philosophique.

Pour concilier le passage et la permanence, il faudrait atteindre avec soi-même l'équilibre que le cavalier accomplit sur sa monture : d'un seul mouvement il reste en selle, suit l'allure du cheval et conserve son assiette.

Une contradiction apparente semble fichée au cœur des *Essais* : à la fois tout passe, le moi est sans continuité ni consistance, ondoyant et divers, et pourtant un même subsiste, quelque chose se tient et se maintient en dépit des changements.

Quel biais trouver pour surmonter cette contradiction ? Certes, le moi est inconstant au point que l'on « *trouve autant de différence de nous à nous-même, que de nous à autrui* » (II, 1, 337) ; mais en notant, en relevant, en inscrivant, en soulignant ces états différents, on retrouve une voix, un style, une allure, bref, une unité. Par une sorte de jeu, le moi que je voulais étiqueter à un moment donné et que j'ai dû renoncer à appréhender se révèle non dans l'immobilité mais dans le mouvement.

Plus le mouvement est vif, plus le moi se dévoile. Plus on change, plus on pense se perdre et plus on parvient à cerner le pli secret de l'être à travers les traces d'un état fugitif, des traces durablement inscrites. C'est la première grande découverte de Montaigne qui offre, près d'un siècle après Colomb, un autre monde au monde.

Qui est Michel Eyquem de Montaigne ? Le définir est impossible, mais en faisant défiler très vite (le temps d'une vie) le magistrat, l'homme de guerre, l'écrivain, l'amant, le diplomate, le voyageur, il apparaît nettement sur nos écrans. Car le secret des *Essais* est cinématographique : il faut les lire (les voir) comme un film. Tout le monde vous répète qu'il faut lire l'œuvre par morceaux, picorer la sentence. Je soutiens au contraire que les *Essais* doivent être lus, comme la *Recherche* – ce qui est loin d'être un hasard –, d'un trait, d'un seul. Il faut les lire au galop.

Un galop d'*Essais*. Il existe un ordre intérieur, au sein de cette marqueterie mal jointe. Unité dans la variété, unité qui est celle de la vie. « *Mon livre est toujours un* » – ce mot téméraire reste vrai. Il est *un* comme le moi de Montaigne qui en est l'âme vivante. Contre l'ordre scolastique qui fausse la vie, contre le morcellement qui la mutile, Montaigne écrira les chapitres de son troisième livre à la fois plus longs et plus mêlés afin qu'ils soient à l'image de la vie, de l'existence qui jaillit incessamment et en gerbes toujours nouvelles, mais toujours de la même source.

*

Le monde est un théâtre, avons-nous vu. L'homme est un acteur qui s'agite et s'ébroue sur la scène du monde, dira plus tard Shakespeare. Un autre ami des *Essais*. A l'instar du comédien, Montaigne n'a pas d'essence. Tous deux sont frappés par ces multiples qui sont en eux. L'inquiétude que pourrait susciter la découverte de la multiplicité des Moi est tempérée par l'amour que l'on ressent pour tous les Moi qui sont en nous, un peu comme un acteur éprouve de la sympathie pour tous les rôles qui lui sont confiés.

Seul le mouvement nous découvre. Se connaître, ce n'est pas recenser les pièces dont la somme constitue notre être, ni dénombrer des éléments maintenus immobiles sous l'œil du spectateur. C'est dégarrotter un faisceau de pensées ou d'humeurs en perpétuelle transformation : c'est une mise en liberté et donc une mise en mouvement de toutes les pièces qui recouvrent leur autonomie, et délivrées d'un ficelage que le commun se plaît à renouer, qui vont retrouver leur mode propre, proliférer, s'étendre, s'attirer ou se fuir. C'est, en un mot, suivre la vie mouvante qui se déroule en nous.

Si les objets se déplacent au cours de cet examen, par des combinaisons imprévisibles, le sujet ne reste pas non plus figé, il glisse le long du temps : dans cette poursuite, les prises ne sont jamais identiques. Montaigne n'analyse pas la marche de la pensée : il nous entraîne dans le courant, nous descendons le fleuve au lieu de rester, comme Héraclite, planté sur sa rive.

C'est une « *épineuse entreprise de suivre une allure si vagabonde que celle de notre esprit* ». Dans cet effort de chaque instant pour dépasser les illusions et saisir au plus près la réalité, notre ami nous invite à vivre dans le seul ordre possible – celui du relatif. Loin d'être confortable, comme on pourrait à tort le penser, cet art de vivre n'est pas exclusif d'un certain héroïsme.

Nous sommes au théâtre ; et dans ce décor minutieusement établi qu'est la cour et ses radicelles, Montaigne est un personnage en représentation. De cela, nul plus que lui n'a conscience. Et sûrement est-ce à ce rôle qu'il a dû jouer qu'il pense lorsque, prenant prétexte d'un mot de Pétrone, cité par l'humaniste Juste Lipse dans *De la constance* : « *Mundu universae exercet historien* (Le monde entier joue la comédie) », il entreprend de méditer sur les clowneries humaines. « *Toutes nos vacations [nos occupations sociales] sont farcesques.* » Farcesques ? L'homme s'introduit dans son rôle social comme la farce dans une volaille. Voilà pourquoi « *il faut jouer dûment notre rôle, mais comme rôle d'un personnage emprunté* ». De l'homme de cour de Balthazar

Gracian à l'anarque d'Ernst Jünger dans *Eumeswil*, on retrouve la distinction entre le masque qu'il faut bien dans certains cas accepter de porter et l'authenticité du moi.

« Son génie de la métamorphose et de la sympathie, écrit Marc Fumaroli dans *La Diplomatie de l'esprit*, n'est pas un art d'imitation, ni une expérience philosophique, le rapprochant tantôt des sages, tantôt des fous, dans une oscillation qui ne menace pourtant jamais l'équilibre central qui fonde son moi : sa fécondité métamorphique est une parenté de plus avec la fécondité de la Nature, une autre manière de vivre dans sa plénitude, l'*humanitas.* »

Les paradigmes artificiels

Humanitas ! Le mot nous renvoie à l'expression montanienne par excellence d'« humaine condition ». Le terme même de « condition » traduit l'extrême variabilité de l'être humain. Que l'homme s'entende en terme de condition n'est pas anodin. Cela signifie qu'il ne cesse pas d'être un homme, quelque état qu'il assume, quelque situation qu'il endure.

Parler de condition, c'est reconnaître qu'il n'a sa place ni dans les classifications ni dans les hiérarchies si chères à Aristote et aux philosophes qui ont entonné en son honneur le péan de la victoire. Pas plus en haut qu'en bas, pas plus là-bas qu'ici. D'ailleurs comment ranger celui qui est à la fois rien et tout ? Comment classer cet inclassable ? Comment assigner à résidence identitaire celui qu'aucune identité ne résume ?

Il est vain selon Montaigne de définir l'homme par des normes d'exercice ou des normes d'usages, par des performances physiques ou intellectuelles, par une conformité quelconque à un archétype. L'humanité ne connaît aucun type idéal. Voilà pourquoi nul ne saurait en être exclu sous prétexte qu'il ne remplit pas tel ou tel critère de santé ou de moralité. Indéfiniment ondoyante, l'humaine condition désigne l'infinie métamorphose d'un homme que ne délimite aucune essence, aucune nature, aucune race. Le seul trait sous lequel on peut penser l'homme, nous le savons maintenant, est le mouvement incessant, la « *branloire pérenne* ».

« *Il n'est aucune qualité si universelle en cette image des choses que la diversité et variété* » (III, 13).

Montaigne aime à citer l'exemple de Persée, l'un des princes de Macédoine, qui, par la diversité de ses humeurs, de ses pensées et de ses desseins, semblait « *à peu près convenir à tout le monde* », n'ayant « *nulle assiette moyenne, s'emportant toujours de l'un à l'autre extrême par occasion indevinables, nulle espèce de train sans traverse et contrariété merveilleuse, nulle faculté simple* » (III, 13).

Cette versatilité assure la convenance universelle de celui qui peut « *mirer sa vie dans celle d'autrui* » et connaître les autres au prisme de sa personnalité sans exclusive. A la ressemblance exigeant la conformité à un archétype fait place la convenance qu'autorise l'infinie plasticité qui rend chacun ouvert à tous. Quand Montaigne confesse qu'il se communique aux gens non par « *quelque marque particulière* » mais par son « *être universel* » (III, 2), il ne veut rien dire d'autre. Cette « *forme entière de l'humaine condition* » que chacun porte en soi embrasse tous les états. L'humanisme n'est pas intégral parce qu'il sauvegarderait son intégrité, mais parce qu'il est sans réserve.

On est loin de l'idéal héroïque des anciens Grecs qui modelaient les hommes sur les dieux dont le ciseau de Praxitèle avait exalté la forme. On est loin également des corps glacés, immuables et incorruptibles dont la publicité s'enchante et nous enchante.

La forme chez Montaigne se résout dans le difforme, voire dans l'informe. L'homme est baroque, forcément baroque, et son « *humaine condition* » traduit le caractère ondoyant de la forme ébauchée, esquissée, jamais achevée. Cette forme, aucun archétype ne la possède. Ainsi, elle ne saurait servir de paradigme. Elle ne renvoie pas à une substance, mais à un acte : chacun doit «*former sa vie*» (II, 27), non pas en se prenant pour modèle mais en étant, dans le même mouvement, à l'écoute de soi, des autres et du monde.

«*Il semble à chacun que la maîtresse forme de nature est en lui, rapportant à celle-là toutes les autres formes... Quelle banale stupidité*» (II, 32).

C'est à cette qualité d'écoute que l'on reconnaît le véritable philosophe.

«*Je ne sais pas meilleure école à former la vie que de lui proposer incessamment la diversité de tant d'autres vices, fantaisies et usances, et lui faire goûter une si perpétuelle variété de formes de notre nature*» (III, 9).

Contingente, l'«*humaine condition*» est un avantage à exploiter autant qu'un défi à relever. Elle ne représente pour l'homme ni un dû à quelque mythique essence, ni une dette qu'il aurait contractée envers la fortune. Mais une plus juste appropriation de soi, fût-ce au prix d'un apparent abaissement de nos personnes.

«*La plus calamiteuse et frêle de toutes les créatures, c'est l'homme et quant la plus orgueilleuse. Elle se sent et se voit logée ici, parmi la bombe et le fient du monde, attachée et clouée à la pire, plus morte et croupie partie de l'univers, au dernier logis et le plus éloigné de la voûte céleste, avec les animaux de la pire condition des trois et se va plantant par imagination au-dessus du cercle de la lune et ramenant le ciel sous ses pieds*» (II, 12).

La vanité de l'homme est ici confondue, sa prétention à égaler Dieu raillée et son ambition de s'adjuger les attributs divins, congédiée. Poussons plus avant.

Si la Terre ne se réduit pas à un corps céleste dérivant avec sa galaxie, mais qu'on parvient à percevoir en elle l'arche originaire dont dérive toute signification, notre humanité quitte la contingence pour la dignité, et devient à elle seule dispensatrice de sens. «*Il n'y a qu'une humanité et qu'une Terre*», écrit Husserl.

Le mot condition ne désigne pas seulement un « état » ou une « situation ».

Condition vient du latin *conditio* qui signifie conduire, fixer par accord. Elle nous offre les données d'un pacte qu'il nous appartient de passer avec le destin. Si la condition n'est pas choisie, le pacte lui est librement consenti.

Dans cet esprit, la personne se définit alors moins comme un ayant-droit que comme le sujet à qui la charge du « patrimoine » impose des « obligations ».

Nos obligations se regroupent autour d'une éthique de la prudence et de la responsabilité. L'objet prioritaire de cette responsabilité n'est pas pour nous et pas plus pour notre ascendance partie sans laisser de viatique, comme le dit René Char dans *Les Feuillets d'Hypnos* : « Notre héritage n'est précédé d'aucun testament. »

On a souvent relevé que Montaigne rendait à la jeunesse (la sienne propre aussi bien que celle des autres) un culte lié à son amour de ce qui vit, bouge et change, et à son permanent souci de transmettre un patrimoine. Or Montaigne n'est pas pédagogue dans les seuls chapitres consacrés à l'éducation des enfants, les *Essais* tout entiers peuvent être considérés comme un vaste projet de transmission. La vie même du philosophe gentilhomme est tendue vers le souci de transmettre, de passer un pacte avec les « nouveaux venus » dont parlera Hannah Arendt, d'être comptable d'un héritage et non pas garde-barrière d'une tradition interrompue. L'humaine condition, c'est celle qui nous permet de dire à toute heure de notre vie : « J'attends quelqu'un qui vient. »

3

L'HUMANITÉ FRAGILE

Tristes utopiques

L'humanisme est une lutte. Sans cesse renouvelée. Parce qu'il est un état naissant, indéfiniment naissant, de l'homme, de son histoire, de son destin. C'est une pièce qui vient seulement de commencer. Où qu'on la prenne, on arrive toujours au premier acte puisqu'elle n'a pas de fin en dépit de la longue éclipse des valeurs dans la culture européenne. L'humanisme ne cesse de laisser derrière lui les pétrifiés de la pensée, ceux dont les idées sont arrêtées, se sont arrêtées, et qui confondent leur ancienne jeunesse avec le vieillissement du monde. Il côtoie ce cimetière des concepts fossiles dont nous sommes encombrés et qui rendent aveugles. Aveugles à ce qui vient.

Dans *L'Humanisme déchiré,* Jean-Michel Bernier montre de quelle manière le parti des intellectuels en France s'est installé durant plus de trente ans dans une tradition antihumaniste, comme si la vigilance et la clairvoyance de toute pensée imposaient pour unique consigne d'en découdre avec lui. Il est probable que les générations futures nous demanderont comment on a pu arriver à cette extravagance. Comment la Terreur de 1793 ou les massacres de 1917 ont été imputés à cet unique responsable. Le totalitarisme ? L'humanisme. Le stalinisme ? Le colonialisme ? L'humanisme, vous dis-je. Il faudra leur montrer comment l'on a cru soutenir la cause de l'homme en nous privant *a priori* d'une philosophie qui en faisait son sujet. Comment « l'ère du soupçon » a débouché sur cette marmoréenne certitude : « Le but dernier des sciences humaines n'est pas de constituer l'homme mais de le dissoudre. » Et comment un vénérable intellectuel – Claude Lévi-Strauss – a pu énoncer ce curieux axiome : « Je dirais que Poussin, Rembrandt, Rousseau, Kant valent autant qu'une espèce végétale, mais pas plus. »

Pourtant plus d'un signe révèle que nous sommes en passe d'en finir avec la nouvelle théologie de la rédemption qu'est la « haine de soi ». Cette théologie a ses clercs qui, à date régulière, revisitent ses dogmes et nous les exposent dans des feuilles publiques. Mais au bout de quelques décennies, nous nous sommes enfin aperçus que le sentiment de culpabilité est rarement propice à la valorisation de l'homme. A cet égard, nous sommes comme Montaigne, nous sortons du Moyen Age. Le nôtre était dominé par trois scolastiques : Marx, pour qui l'homme n'était que le simple reflet de ses conditions matérielles d'existence ; Nietzsche, qui soutenait que les plus hautes valeurs humaines étaient enracinées dans ses instincts les moins avouables. Freud, enfin, selon qui l'homme est habité par des forces qu'il ne saurait maîtriser et qui le dépossèdent de toute liberté. En rompant avec ces pensées et en renonçant à nous imputer tous les péchés du monde passé, présent et à venir, nous devrions retrouver progressivement les conditions qui nous permettent de nous réconcilier avec la figure de l'homme telle que deux mille ans de civilisation l'ont façonnée. Or un autre péril nous menace : après la haine, l'amour de soi. Un danger d'autant plus inquiétant qu'il se présente « avantageusement » comme un individualisme. Tous beaux, tous en forme, tous joyeux. Ce que nous prenons pour des manifestations authentiques de nos *ego* nous les partageons avec nos semblables au même moment. L'assomption de l'*homo festivus*, mise en avant par Philippe Muray, précipite la chute de l'homme, et pas seulement en raison de l'instabilité des rollers.

Tout se passe comme si nous étions en train de devenir ce que nous avions initialement juré d'anéantir. Des penseurs de foire nous font, aujourd'hui, la morale. Même l'éthique est à la mode. Preuve que, décidément, il faut faire attention à tout. L'humanisme, c'est le point le plus faible qui tient l'homme, son entourage, la société dans son ensemble. Nul n'est sûr d'être humaniste. De le rester. De seulement savoir ce que c'est. Nous ne faisons que tourner autour. Nous cherchons des garants. Montaigne est le premier, mais ce qu'on puise aujourd'hui dans son œuvre, ce qu'on fait désormais de lui dans nos lectures prétendument « scientifiques », ne lui ressemble guère. Dans *Questions à l'humanisme,* le grand spécialiste de la philosophie de la Renaissance Pierre Magnard s'interroge : « Ceux qui, aux XVe et XVIe siècles, ayant fait l'épreuve de la suffisance de l'homme dans l'expression d'une réelle grandeur et l'actualisation d'une réelle perfection, méritèrent de leur arrière-neveux le beau nom d'humanistes, se retrouveraient-ils dans l'usage que l'on fait, aujourd'hui, de ce mot ? » Probablement pas. C'est que l'humanisme a une trop longue histoire pour que l'on s'accorde sur sa définition.

Tout jeune encore, on voit la corde dans la toile usée. La chose a existé bien avant l'idée, comme si l'on avait voulu par cette dénomination pérenniser un idéal que l'on craignait de voir disparaître. Ce qui n'est pas faux puisque l'humanisme original et originel – celui-là même qu'incarne Montaigne –, à peine apparu, a été plongé avec les guerres de Religion dans les ténèbres de la barbarie.

« *De quoi se fait la plus subtile folie, que de la plus subtile sagesse ? [...] Qui ne sait combien est imperceptible le voisinage d'entre la folie avec les gaillardes élévations d'un esprit libre ?* » (II, 12).

En parlant ainsi, Montaigne pense à la folie du Tasse, un des grands esprits de la Renaissance qu'il a visité à Ferrare, où sa démence le tient enfermé. Mais il a également en tête l'exemple de ses contemporains, tous beaux esprits, qui ont soudain basculé dans le mal ordinaire. La raison n'était au XVIe siècle qu'un autre usage de la déraison.

Le syndrome Poltrot de Méré

Humaniste ? Tant d'homonymes traversent ce mot qui disent tout autre chose que ce qu'y met Montaigne. Homme, humain, humanité, humanitaire, droits de l'homme... Ces deux derniers composent ce que l'on nous vend frauduleusement comme un nouvel humanisme. Postures et impostures.

Dans le chapitre 14 du livre I des *Essais*, « *Que le goût des biens et des maux dépend en bonne partie de l'opinion que nous en avons* », Montaigne retrace la persécution des Juifs en terre portugaise et espagnole. Il est d'autant plus sensible à cette injustice que, par sa mère, Antoinette Louppes de Villeneuve, il descend de ces familles persécutées et pour certaines converties par la force (« *Quelques-uns se firent chrétiens ; de la foi desquels ou de leur race, encore aujourd'hui, cent ans après, peu de Portugais s'assurent* »). Notre gentilhomme relate notamment les épisodes tragiques d'exil maritime et les exactions dont furent victimes les Juifs de la part des hommes d'équipage. A cette occasion, il invente pour exprimer toute sa colère et sa stupeur le mot d'« *inhumanité* ».

Si, à ses yeux, l'homme s'efforce à devenir plus homme, c'est pour réduire en lui la part de la bestialité et se faire plus généreux et bienveillant. Sinon, à quoi bon ? Pour autant, il ne tire de cette notion aucune leçon générale. Il se garde bien de faire un usage partisan de l'universel, sachant combien il serait hasardeux de poser une nation en championne de l'humanité. Pour être d'aujourd'hui, la dénonciation des crimes commis par des hommes à l'encontre d'autres hommes n'en recouvre pas moins une réalité qui est malheureusement de tous les peuples et de tous les temps. L'auteur des *Essais* l'a compris. Pour ceux qui en usent, le mal est toujours raison, non moins atroce ici que là, et quand la guerre veut le résoudre, la croisade tourne au brigandage. Les droits de l'homme sont d'autant plus invoqués qu'ils deviennent l'ingérence des forts dans les affaires des faibles. Walter Benjamin, très proche ici du scepticisme de Montaigne, parlera, lui, de la « *justice des vainqueurs* ».

Une mise en garde salutaire. Il est audacieux, sinon vain, d'attacher périodiquement telle ou telle nation au poteau d'infamie, même pour satisfaire l'inhumanité des nantis. Et puis, sous quel prétexte le faire ? Au nom de quoi ? D'une solidarité envers les victimes ? On croit honorer ici l'humanisme en l'habillant de la phraséologie la plus creuse et la plus flatteuse. Or, l'homme se valorise à mesure qu'il déchoit. Dans *L'Entretien infini,* Maurice Blanchot a dénoncé l'apparente convivialité de ce statut de victime : « Il y a, dit-on, une communauté du malheur, mais il y a un point où ce qui est souffert ensemble ne rapproche pas, n'isole pas, ne fait que répéter le mouvement d'un malheur anonyme, qui ne vous appartient pas et ne vous fait pas appartenir à un espoir, à un désespoir communs. On parle de l'égalité dans le malheur, mais c'est une dissemblance infinie, une oscillation sans niveau, une égalité sans rien d'égal. »

Au mois de février 1563, François de Guise dit le Balafré, grand preneur de villes fortifiées, campe devant Orléans détenu par les huguenots. Après quelques jours de siège, il est sur le point d'emporter la ville quand un gentilhomme protestant, Poltrot de Méré, qui s'est infiltré dans son entourage, l'abat d'un coup d'arquebuse à la tombée du jour. Son forfait accompli, l'assassin s'enfuit aussitôt à bride abattue et épuise sa monture toute la nuit. Au petit matin, il juge avoir mis assez de distance entre lui et les troupes catholiques et décide de faire halte. Poltrot est alors immédiatement saisi et ligoté avant d'être torturé, puis démembré au coutelas. Le hasard, sans se soucier de sa cavalcade écervelée, l'a reconduit à quelques mètres du campement du duc.

Il arrive souvent en philosophie que, croyant échapper à un péril, on se jette dedans avec une grande assurance, alors même que l'on estime avoir mis le maximum de distance entre le danger et sa pensée. Lors de la fameuse conférence d'octobre 1945, *L'existentialisme est un humanisme*, Jean-Paul Sartre assigne pour but à l'existentialisme de faire l'homme et d'en redéfinir sans cesse la notion. Désormais, la liberté ne saurait avoir d'autres limites que celles qu'elle se donne. Tout le monde salue alors le courage du philosophe qui en finit avec le vieil adversaire. D'un coup d'arquebuse, il libère l'homme de son essence pour le rendre seulement tributaire de ses actes. Mais, emporté par son esthétisme de la libération, Sartre fait galoper trop loin et trop longtemps sa monture : « Quand nous disons que l'homme est responsable de lui-même, nous ne voulons pas dire qu'il est responsable de sa stricte individualité, mais qu'il est responsable de tous les hommes. »

Fatalitas ! Comme le souligne Pierre Magnard : « En soumettant nos actions au critère d'universalité, quand bien même "l'homme ne serait rien d'autre que ce qu'il se fait", Sartre nous impose le retour en force de l'essence. » Le philosophe existentialiste a été ramené à son campement. C'est ce que j'appelle le syndrome Poltrot de Méré.

Pris au piège du concept d'humanité, devenu idée abstraite et vidée de toute réalité tangible, l'humanisme a perdu son point d'ancrage dans le siècle pour n'être plus qu'un instrument. Il a desservi la cause des hommes en validant le principe d'une humanité homogène et substantielle. Ce faisant, il a cédé à la tentation d'opposer aux abstractions (Dieu, la Nature), une autre abstraction (l'Homme) terrible. Dévoyé, il est parvenu ainsi à dresser une idée – l'Humanité – contre tous les hommes.

Dans la foulée d'Alain Finkielkraut, on peut relire toute l'histoire du XXe siècle comme le meurtre de l'homme par l'idée d'humanité. Ce faire-valoir sans valeur, ce visage sans respectabilité d'un monde sans dignité, aligne l'homme sur son lit de Procuste avec, à chaque fois, la « louable » intention d'améliorer l'espèce. Depuis un siècle, en effet, il n'est pas d'exemple d'une invocation de l'universel qui n'ait joué comme un processus de division, d'exclusion, voire de destruction d'hommes par d'autres hommes. Cet universel détourné a, entre les mains, l'arme absolue de l'intolérance, avec toutes les apparences de la liberté. Sommé de s'inscrire dans cette logique abstraite, tout sujet récalcitrant est rayé d'un trait de plume. Un acte d'autant plus banal que l'on agissait pour le bien de l'individu. Et que, comme nous l'explique Montaigne, pour passer du bien au mal, il suffit après tout d'un léger basculement, d'une modeste poussée. Tant il est vrai que « *les hommes (dit une sentence grecque ancienne) sont tourmentés par les opinions qu'ils ont des choses, non par les choses mêmes* » (I, 14).

L'universel est-il donc à rejeter avec l'eau du bain humanitaire ? Nos enfants s'amuseront de voir que l'argumentation réactionnaire d'un Joseph de Maistre (« Il n'y a point d'homme dans le monde. J'ai vu dans ma vie des Français, des Italiens, des Russes, etc. Je sais même, grâce à Montesquieu, que l'on peut être persan, mais quant à l'homme, je déclare ne l'avoir rencontré de ma vie ; s'il existe, c'est bien à son insu ») est, aujourd'hui, intégralement reprise par nos nouveaux communautaristes, don Quichotte de l'identitaire, Sancho du droit à la différence. Montaigne échappe au piège de ce faux dilemme : universel contre différence. L'humanisme, chez lui, ne trie pas, il fédère. L'auteur des *Essais* est impatient de se reconnaître dans le visage de l'autre, fût-il le plus différent. Il n'a de cesse d'« élargir » sa conception de l'homme, de cet être universel qu'il construit en lui. La construction s'enrichit des styles de vie les plus hardis, y compris celui des « *Cannibales* » ; elle s'agrémente des manières les plus libres, des allures les plus affranchies. L'auteur des *Essais* exhorte à s'élever au-dessus du particulier, en restant, à tout instant, capable de le rejoindre.

L'être universel est un diamant aux mille facettes. Il est celui qui embrasse toutes les vacations, toutes les affections, toutes les pensées d'un individu : « *Si je parle aussi diversement de moi, c'est que je me regarde diversement [...] Je n'ai rien à dire de moi entièrement, simplement et solidement, sans confusion et sans mélange, ni en un mot. Distinguo est le plus universel membre de ma logique.* » L'humanisme n'est ni dans l'uniforme ni dans la répétition. Il forge une âme damasquinée. Il amène à faire cohabiter des liens particuliers qui forment alors un universel concret. « Le pluriel est la gloire de l'Un », commente Magnard dans une superbe formule qui ramasse son propos. Il faut savoir penser dans le même mouvement l'unité et la diversité. Est-ce si difficile ? Après tout, une symphonie ne se suffit pas d'une seule note, et personne ne s'aviserait de confondre le rythme et le pas cadencé.

Docteur Faustus

En 1587, soit un an avant la parution du livre III des *Essais*, paraissait un premier *Faust* à Francfort. En 1590, Marlowe montait à Londres une tragédie dans laquelle un docteur Faustus vend son âme au diable en échange du savoir et des biens terrestres. Depuis cette date, le scientisme chevauche au côté de l'humanisme comme la mort à côté du chevalier de Dürer.

La science est, tout ensemble, un instrument de libération et une idole phénicienne au ventre brûlant, jamais repue. Pourquoi aurait-il fallu qu'un génocide révélât aux adeptes de Faust ce qu'était un homme ? De ce qu'ils firent aux Aztèques, les compagnons de Cortes tirèrent-ils la moindre leçon ? Il y a près de trente ans paraissaient les premiers ouvrages sur la sociobiologie : ce monstre qui a le corps mou des sciences humaines et la tête de fer des sciences positives. Un monstre qui entendait régir nos comportements intellectuels, affectifs, réflexifs comme s'ils étaient le résultat d'une adaptation génétique à notre environnement. Un monstre pour qui le surhumain ou l'ultrahumain devaient se développer au défaut de l'humain. Selon cette vision, nos comportements agressifs, violents seraient tous étroitement liés à notre « nature », à notre fonctionnement proprement biologique. La violence serait inscrite dans nos gènes et le cerveau – qui se développerait sur la base de ces « gênes » – deviendrait alors nécessairement un « générateur d'agressivité ». Avec pour seul résultat, que cet enchaînement de causalités et de forces motrices endogènes, nous jetterait inéluctablement les uns contre les autres comme des rats de laboratoire. On a parlé d'un « chromosome » du crime, on découvre régulièrement le « gène de l'agressivité » ou le « gène de l'homosexualité ». Le fait de mettre parfois côte à côte ces deux « découvertes » est, soit dit au passage, lourde de sens.

De tels effets d'annonce donnent facilement à penser que *Le Meilleur des mondes* d'Aldous Huxley frappe à notre porte. A demain, Big Brother ! Il y a encore une dizaine d'années, un Jean-Pierre Changeux annonçait comme proche le jour où nous pourrions déterminer « les bases neuronales » de l'éthique. Comment parler d'humanisme quand l'homme est décrit comme « un conglomérat de protéines et d'ADN qui se mêle de faire des civilisations » ? Comment ne pas s'interroger quand on lit sous la plume de Francis Crick, le découvreur de la structure de l'ADN : « Aucun enfant nouveau-né ne devrait être reconnu humain avant d'avoir passé un certain nombre de tests portant sur sa dotation génétique... S'il ne réussit pas ces tests, il perd son droit à la vie. » Ces élucubrations, ces « idées » sont immunisées contre les constructions morales mais pas contre l'esprit du doute qui souffle dans les *Essais*. Il est encore temps d'écouter la leçon de Montaigne, ce témoignage à charge contre le réductionnisme proliférant de l'âge des gènes.

Grand savant et véritable humaniste, le neurobiologiste Pierre Karli conteste cette vision eugéniste, qu'il juge « purement idéologique » et en rien fondée sur des faits scientifiques avérés. Qui croire ? Quoi croire ? Il y a deux ans, le débat sur le nombre des gènes composant le génome humain (les estimations allaient de 27 000 à 2 000 000) fut si mouvementé que des biologistes réunis au sein de la Cold Spring Harbor Conference décidèrent de se départager en faisant un pari. A l'épreuve du doute, les modèles de la science peinent à expliquer le monde. Plus le scepticisme s'exerce, plus la démesure du nouveau positivisme devient manifeste, et criante son incapacité à réduire les énoncés métaphysiques à l'état de certitudes mécaniques. L'euphorie aura été de courte durée. La description scientifique de la vérité patine quand elle doit déboucher sur l'élaboration de repères. Nous avons été équipés pour construire des représentations qui nous permettent d'agir efficacement sur la réalité, mais nous n'avons pas forcément été outillés pour répondre (en outre) à des questions comme celle de l'adéquation de nos représentations à la réalité.

« *Ce n'est pas assez de compter les expériences, il les faut penser et assortir* [comparer] *et les faut avoir digérées et alambiquées, pour en tirer les raisons et conclusions qu'elles portent* » (III, 8).

Ce scepticisme montanien renvoie l'apprenti sorcier à ses gènes, comme un cordonnier à sa chaussure. La science est chose qui importe trop à tous pour en laisser l'exercice aux seuls scientifiques. Nous ne sommes pas des dieux ou des êtres omnipotents, guère davantage des faiseurs de miracle. On voit bien l'attrait de la science : à l'heure où le progrès a partout mauvaise presse, elle est le dernier espace de son déploiement, son ultime lopin de souveraineté, sa chance de relancer, d'une manière – apparemment – indéfinie, sa course essoufflée. Ce qui donne au progrès son sursis ? L'idée de changement communément pensée et imaginée comme un dépassement de toute limite. « Ramasser le javelot et le lancer plus loin », disait Nietzsche, ajouter sans cesse du savoir au savoir, du pouvoir au pouvoir sans que jamais puisse être atteint un stade final de la connaissance et de la puissance. Avoir toujours plus, dans la dynamique d'un désir auquel toute possession fait éprouver plus intensément l'absence de ce qui lui manque.

« *L'homme ne peut être que ce qu'il est, ni imaginer que selon sa portée* » (II, 12).

Notre nouveau positivisme s'appuie sur ces deux

béquilles que sont une éthique de l'insatisfaction perpétuelle et une philosophie de l'infini relativisant et contestant toutes les sortes de limitation. Et cela, au moment même où il devrait être clair aux yeux de tous que les ressources d'un monde fini, si immenses soient-elles, sont elles aussi finies et donc épuisables.

Telle est la grande leçon du philosophe Hans Jonas, et de son *Principe de responsabilité* : un jour viendra – et s'il doit inévitablement venir, il est en un sens, comme la mort de chacun de nous, déjà venu – où, au-dessus des puits de pétrole desséchés, la glorieuse machinerie des derricks ne dessinera plus sur le vide des déserts qu'un graphisme stérile et dérisoire. Ce n'est pas, n'en déplaise à Foucault, le nom de l'homme qui, tel un mauvais songe métaphysique, est effacé par l'écume des siècles, mais celui de la technique, dont les prouesses ne cessent, chaque jour, de révéler leur réversibilité.

Rien, d'ailleurs, ne manifeste plus le déclin des faux prestiges de l'indéfini que la désaffection de l'opinion pour l'aventure spatiale. D'ores et déjà Arianespace et la Nasa font-ils guère plus rêver les adolescents qu'Air France ou la SNCF ? Un nouveau voyage de spationautes attire moins l'attention des opinions qu'un nouvel épisode de *La Guerre des Etoiles.* Des caravelles de Magellan à l'avion supersonique, le raccourcissement accéléré des distances révèle l'irrémédiable finitude et donc l'exiguïté de la « machine ronde ». Plus la modernité progresse, plus les hommes perçoivent la Terre comme une arche infinitésimale. Depuis que ces derniers ont accepté l'idée, à en croire Arendt dans *La Condition de l'homme moderne*, qu'ils pouvaient s'engager dans la voie d'un progrès qui ne penserait ni ses étapes ni ses visées, leur séjour terrestre ne cesse de leur apparaître plus clairement dans son angoissante contingence. Moralité : à mesure que la suprématie de l'*homo faber* s'affirme, c'est surtout sa propre fragilité qui lui saute aux yeux, sa solitude dans l'harmonie des sphères.

On ne peut être homme sans en porter toujours plus haut la condition. Inutile de compromettre ce beau souci en nous enchaînant à la dernière utopie née du tâtonnement hasardeux des scientifiques. Le propos de Montaigne n'est pas de sacraliser la finitude à la manière des sagesses païennes, ni d'imiter les frileux qui calomnient l'impatience des nouvelles frontières et de nouveaux rivages, mais de bien apercevoir que l'autre frontière et l'autre rive sont aussi rive et frontière, changeant l'indéterminé océan en intervalle mesuré et l'aventureux en raisonnable.

Parce qu'il n'avait pas tort de croire à la proximité des Indes, Christophe Colomb n'a pas été un marin perdu, capitaine d'un bateau ivre comme on nous le présente parfois, et il lui a été donné de découvrir un nouveau monde. Produire pour produire, partir pour ne jamais arriver, chercher pour chercher dans la peur panique de trouver autant de manifestations de cette fièvre de l'indéfini qui se réfugie, aujourd'hui, dans la science. Le fleuve du savoir occupe un lit trop large pour lui. Et cette fièvre, ce vertige, qu'est-ce sinon la projection dans l'espace et dans le temps de cette aspiration à l'infini, constante constitutive de l'homme ? La force de l'humanisme face à l'enfièvrement est d'ouvrir du « devoir être ». Les vérités scientifiques délaissent l'essentiel. De ce qui est, on ne saurait déduire ce qui devrait être. Nul n'est besoin d'être philosophe pour saisir l'errance de ce grotesque narcissique, l'autofécondation. Mais sans doute Montaigne rappellerait-il que de tels propos :

« *Ce ne sont ici que rêveries d'un homme qui n'a gousté des sciences que la crouste première...* » (I, 26).

« *Nous sommes ceux qui viennent après* »

Vivre en communion d'esprit avec cette somme de l'expérience humaine, ce capital moral et intellectuel dont seules les lettres grecques, latines et françaises nous conservent l'acquis : tel fut durant trois siècles et même davantage la définition que l'on donnait de l'humanisme. Ce dernier n'est, d'ailleurs, homologué en 1882 par le Littré que pour désigner, en premier, « la culture des humanités ». Un humaniste est alors celui qui cite Tacite et Virgile, qui vulgarise de belles maximes, de grands exemples auréolés d'une estime séculaire. De ce point de vue rapide, Montaigne serait un grand humaniste. Les *Essais* ne redonnent-ils pas vie à l'héritage abondant de la tradition ? Cette culture littéraire, philosophique, historique, parfois même scientifique, est essentiellement d'origine antique. Au point que l'auteur lui-même peut se laisser aller à écrire non sans ruse : « *Mes premiers essais puent un peu l'étranger.* » Il est vrai que ces derniers sont farcis d'auteurs anciens comme un chapon de Noël. Lire et commenter Montaigne reviendrait donc à souscrire au dogme longtemps défendu qu'il suffit de citer à propos Plutarque ou Sextus Empiricus, de s'ébrouer en anecdotes sur les figures de Pompeia ou d'Epaminondas pour être honoré du beau nom d'humaniste. Malheureusement, nous savons que le respect et la pratique d'une culture classique peuvent cohabiter avec la plus extrême barbarie. A cette leçon tragique du XXe siècle, George Steiner a donné sa formulation rigoureuse. Dans *Langage et Silence*, le philosophe britannique a recodé le crime « contre l'humanité » en (terme de) crime *de l'humanité* : « Nous sommes ceux qui viennent après, écrit-il, nous savons désormais qu'un homme peut le soir lire Goethe ou Rilke, jouer des passages de Bach ou de Schubert, et le lendemain matin vaquer à son travail quotidien, à Auschwitz. »

A ses yeux, mais aussi aux nôtres, la proximité géographique de Weimar et de Buchenwald constitue encore – et pour longtemps – une torturante énigme. Est-ce l'énigme de la banalité du mal ? De la civilité du mal, dira plutôt Steiner, frappé par la complicité diabolique d'un humanisme érudit, esthète et raffiné avec le déni nazi de l'humain.

L'énigme de Steiner, Montaigne, en fait, l'a posée quand il traite de barbares les conquérants du Nouveau Monde déniant aux autochtones la qualité d'hommes et anéantissant deux civilisations. Contrairement à une idée répandue, les conquistadores ne furent pas des incultes. Ils se piquaient de poésie, de littérature, de géographie et parfois même de théologie, en enfants brutaux – mais enfants quand même d'une hyperpuissance politique et culturelle : l'Espagne de Charles Quint, puis de Philippe II. De même, les guerres de Religion en France tout comme la guerre des paysans menée par Thomas Muntzer en Allemagne devaient largement montrer que la pratique des « humanités » peut aller de pair avec celle des pires atrocités. Comment, dès lors, le commerce avec les Anciens ne se trouverait-il pas durablement compromis ? Comment son crédit ne sortirait-il pas ruiné de cette découverte ? Les mêmes qui, au XVIe siècle, discutaient sur le bien-fondé d'une traduction d'un vers de Virgile, ne se déplaçaient pas sans leur nécessaire à tortures : les fers qu'on rougissait au feu, les aiguilles, les poinçons et les redoutables petites tenailles en argent pour arracher les muscles des cuisses. On a découvert récemment dans le grenier d'un château de la Loire, à côté des œuvres de Budé, un bel objet de ferronnerie : une sorte de lanterne ouvragée à jour, terminée au sommet par un délicat bouquet de tiges recourbées. Une collerette de fer, élégante elle aussi, en entourait la base. On imagine sans effort qu'il devait y avoir une place pour une tête vivante dans cette lanterne, car à l'endroit possible de la bouche on voit tout un système compliqué de verrous et de plaques. C'est sur le terreau des humanités bien apprises que poussaient ces étranges fleurs. L'esprit était tout empreint de pétrarquisme mais le fond des cœurs était un grimoire parcheminé recouvert de signes déliés, tracés d'une encre faite de sucs et de sang. Rabelais voyait le bonheur des seigneurs et des dames de son abbaye de Thélème dans une bibliothèque polyglotte de six étages. Bien avant lui, Gilles de Rais, on le sait, découvrit ses goûts extraordinaires en se faisant lire par son fidèle valet Henriet la vie de Tibère et autres Césars dans Suétone et Tacite.

*

Poser la question du rapport de Montaigne à la tradition antique, aux humanités, conduit à nous interroger sur notre propre rapport au passé. Comme l'ont montré de brillants exégètes, dans son commerce avec les Anciens, l'auteur des *Essais* n'est pas d'une absolue fidélité. Il ne se soucie pas d'exactitude historique à propos d'un fait ou d'exactitude bibliographique à propos d'un texte. Il y a un monde entre l'esprit qui préside à l'édition de Sénèque procurée par Erasme et le procédé selon lequel Montaigne cite le philosophe. Respectueux, notre gentilhomme ne traite pas moins les textes d'une manière toute seigneuriale et éclectique. Il les prend sur ses genoux avec un mélange de tendresse et de désinvolture. Aussi ne parle-t-il pas à la remorque de la Tradition mais par la bouche d'une tradition, moitié amie, moitié servante. Cette dernière, qu'elle soit interrompue ou non, est le lieu où se tiennent les autorités. Le mot autorité est bien sûr à entendre ici dans son sens arendtien, si ce n'est dans son sens « montanien », tant il est vrai que Montaigne le dépouille de tout accent coercitif.

« *Les plus fermes imaginations que j'aie, et générales, sont celles qui, par manière de dire, naquirent avec moi... Je les produisis crues et simples [...] depuis que je les ai établies et fortifiées par l'autorité d'autrui, et par les saints discours des Anciens* » (II, 17).

Pour saisir ce que Montaigne entend par ce mot, il faut penser à l'expression « faire autorité ». Ce qui fait autorité, c'est ce qui est naturel, ce qui va de soi, ce qui augmente notre humanité. Notre latiniste sait bien que « auteur » et « autorité » ont la même origine. Cette dernière nous est donnée. Libre à nous, par la suite, de la contester, de la discuter, de la répudier. Le souci du passé n'est rien d'autre que cette sorte de lien de famille qui nous attache à lui : respect et distance, amour et indépendance. A qui a pratiqué les hommes avec un esprit en éveil et un cœur large, la fréquentation de ceux que l'on désigne abusivement sous le vocable de « contemporains » ne suffit pas. Cela est d'autant plus aisé qu'entre les feuillets de leurs mémoires et de leurs histoires, les morts demandent à revivre, élevant parfois ce bruissement confus et pathétique que Michelet entendait dans les froides galeries des Archives.

Malgré cet appel, Montaigne n'abdique pas son sens critique devant des vers illustres ou des proses consacrées. Il n'est pas un aveugle ramasseur de textes pittoresques, un collectionneur sans goût, ni préférences. Il hiérarchise, subodore l'interpolation, traque le contresens, décèle l'apocryphe. L'autorité de Platon ne l'empêche pas de juger l'Axiochus « *sans force* » et d'en être « *dégoûté* ». Et ce en un temps où les humanistes attribuaient encore ce dialogue au philosophe. Il serait aisé de dégager des *Essais*, et plus particulièrement du chapitre « *Des livres* », dans le Livre II, toute une critique impressionniste – qui nourrit un jugement souple, mais sûr – des plus grands prosateurs latins et grecs. L'Antiquité ne propose pas à Montaigne des modèles mais des repères. Il est arrivé à notre gentilhomme de se demander à la mairie de Bordeaux ce qu'aurait fait César en pareil cas. Le passé est la langue commune à tous les hommes. Si notre gentilhomme parle cette langue couramment, son style n'appartient qu'à lui. « Quelle injustice criante, écrivait Voltaire au comte de Tressan, de dire que Montaigne ne fait que commenter les Anciens ! Il les cite à propos, et c'est ce que les commentateurs ne font pas. Il pense, et ces messieurs ne pensent point. Il appuie ses pensées de celles des grands hommes de l'antiquité, il les juge, il les combat... »

Les *Essais* tracent ainsi une ligne de faîte et de partage où l'homme cultivé sert toute la richesse d'un héritage classique et garde, dans le même mouvement, la force d'en disposer au nom de sa propre personne. Gratitude et autonomie : l'homme n'est pas homme du seul fait d'étudier. Comme Shakespeare, Borges et tant d'autres, Montaigne se sent entouré d'une grande et ancienne cohorte d'esprits. Il vit dans la joie de mêler sa voix à l'Eternel et divers entretien de la sagesse. Il ne reproduit pas l'héritage gréco-latin, il le réincarne en le refondant. Il le traduit. Il est ainsi plus fidèle. Les Romains ont hérité, clés en main, d'un lot de systèmes philosophiques en parfait état de fonctionnement, élaborés, perfectionnés, discutés dans les écoles grecques depuis parfois plusieurs siècles. Néanmoins, ils ne se contentèrent pas de lire et de compiler la philosophie athénienne, ils la retravaillèrent – ce que n'a pas toujours perçu une critique moderne obnubilée par la recherche des sources (la « Quellenforschung ») et pour qui les auteurs latins ne sont que des sages en toge. Traduction et tradition n'ont-ils pas, d'ailleurs, la même origine ? Traduire, c'est permettre à une matière étrangère, dont personne ne saurait se passer, d'être assimilée par un homme et de devenir le son même de sa voix. La vérité personnelle, à quoi tout tend ici, ne s'obtient qu'en soumettant les biens hérités à l'épreuve de la convenance de l'héritier.

« *Plusieurs de ces rares exemples surpassent la force de mon action, mais aucunes surpassent encore la force de mon jugement* » (III, 9).

On peut trouver chez Montaigne une sagesse à l'antique, mais ce n'est pas là l'essentiel de son attitude. Son œuvre est autre chose qu'une méditation morale sur les ruines ou qu'une collection de préceptes. Il apprend à penser et à se penser, c'est-à-dire à s'essayer, se créer. Il ne peut y avoir de personnalité achevée à l'instar d'une statue classique. Montaigne goûte chez les Romains ce souci de tracer des limites et de donner des exemples. Toutefois, il ne se contente pas de citer ceux qui l'ont précédé pour nous transmettre leurs sagesses. Il se fait alchimiste de l'esprit en faisant passer par le filtre de ses alambics tous ces corps étrangers à sa propre substance : *transformer*, *digérer* sont des termes fréquents au moyen desquels il nomme cette transmutation. Je ne porte pas le deuil du passé mais je reconnais que je serais pauvre sans l'héritage que m'ont transmis nos aînés. Voilà à peu près comment pourraient être exprimés les sentiments de Montaigne à l'égard des Anciens. Il n'y a pas, chez cet homme de la Renaissance, la moindre idée de renaissance. Montaigne se montre extrêmement rétif à (re)mettre ses pas dans ceux des Anciens. On ne trouve chez lui nulle trace d'un quelconque désir d'un fait éploré du présent dans le passé. En revanche, sa familiarité avec le passé l'incite à ne pas prendre en compte le temps écoulé. L'idée ne l'effleure pas qu'il y a un écart de dix, de vingt siècles entre les sources de ses citations et ce qu'il écrit lui-même. Miracle d'une « mémoire » qui ressuscite le temps perdu : le passé est là, tout proche. Ni encensé, ni refoulé. Pourvu qu'on le connaisse : « Il est là comme n'importe quelle autre réalité humaine mémorable, d'une présence intime naïve pour laquelle la distance temporelle ne compte pas », écrit Hugo Friedrich dans le monument littéraire qu'il a consacré à Montaigne.

La poutre la plus proche de son écritoire porte un adage de Térence : « *Homo sum et nihil humanum mihı alienum puto* (Je suis homme et crois que rien d'humain ne m'est étranger) ». Résister, tâcher de sauver ce qui peut encore l'être dont la personne en premier, que tant de souffrances ont recroquevillée sur elle-même. La personne dans la communauté des autres hommes, dégagé des idéaux collectifs qui provoquent forcément l'oppression et déchaînent l'inhumanité. C'est bien ainsi que l'humanisme de Montaigne s'étend et s'entend : refuser le leurre de l'abstraction sans accepter l'illusion de l'identitarisme – qu'il soit social, ethnique, culturel, cultuel ou sexuel. Ne pas jeter l'individu avec l'eau du grand bain de l'Universel et se garder de céder à cette nouvelle religion de l'Autre d'autant plus célébrée qu'elle légitime la haine de soi. Montaigne ne réfléchit et n'agit pas comme si l'homme possédait une essence ou une nature que l'histoire aurait à réaliser. Il ne pense pas comme si la vérité résidait et se révélait dans le processus temporel lui-même. Il est étranger – et pour cause ! – à cette conscience historique qui nous empoisonne depuis Hegel et qui envisage l'histoire comme une continuité sans rupture. Ou plutôt, dont même les ruptures s'intègrent dans le plan d'un devenir cohérent.

L'histoire comme gibier

« *L'Histoire, c'est plus mon gibier, ou la poésie, que j'aime d'une particulière inclinaison* » (I, 26).

Or, depuis le XVIIIe siècle, ce sont les hommes le gibier et l'Histoire qui se fait chasseur. Kant a beau déplorer le « cours absurde des affaires humaines » et de la « désolante contingence » des développements historiques, il ne démord pas de cette certitude : tout prend soudain sens, les ténèbres de l'événementiel s'illuminent dès lors qu'on considère l'histoire en son entier et non plus chaque fait historique dans sa singularité et les intentions des acteurs. Or la transformation de l'histoire et de la nature en processus « oublie » la notion grecque des grandeurs de l'événement et la conception romaine de l'histoire comme « magasin d'exemples ». C'est précisément au nom de ces notions que Montaigne avoue un goût profond pour l'histoire.

« *Les historiens sont ma droite balle. Ils sont plaisants et aisés ; et en même temps l'homme en général, de qui je cherche la connaissance, y paraît plus vif et plus entier qu'en nul autre lieu, la diversité et la vérité de ses conditions internes en gros et en détail [...] Or ceux qui écrivent les vices, d'autant qu'ils s'amusent plus aux conseils qu'aux événements, plus à ce qui part du dedans qu'à ce qui arrive au dehors, ceux-là me sont plus propres. Voila pourquoi, en toutes sortes, c'est mon homme que Plutarque* » (II, 10).

Le père des études montaniennes, Pierre Villey, s'est appliqué à relever les traces de Plutarque des premiers aux derniers essais. Il a dénombré quelque cinq cents emprunts à l'écrivain grec du Bas-Empire. Ni linéaire ni roue du destin, l'histoire pour Montaigne est un récit qui ne cesse de commencer et qui ne finit jamais. Cette nouveauté tapisse l'« atelier » de l'historien selon le mot de Lucien Febvre. On ne saurait penser l'histoire en termes de causalité au risque de la déformer, de perdre la singularité de ce qui se passe.

Non seulement l'événement éclaire son propre passé, mais encore ce passé n'est ressuscité qu'à la faveur de l'événement et ne peut jamais en être déduit. Lorsqu'un événement assez important pour l'expliquer se produit, l'Histoire prend forme humaine. Le chaos se change en récit, l'absurde devient racontable, parce qu'il a, désormais, un commencement et une fin. Le rôle de l'historien ? Garder pour les générations futures la mémoire de l'événement passé dont il témoigne et qui, sans lui, tomberait dans l'oubli. Et comment nier que son sens et sa portée apparaissent bien plus clairement à l'historien qu'à l'acteur lui-même, que la connaissance que nous avons de nous-mêmes ne saurait égaler souvent celle que les autres ont de nous ? La frontière entre l'histoire idéale et l'essai s'estompe jusqu'à s'effacer. Le bon historien, comme le bon « essayiste », regarde moins ce qui se passe au-dehors que ce qui procède du dedans :

« *Le monde regarde toujours vis-à-vis ; moi je replie ma vue au-dedans, je la plante, je l'amuse là...* » (II, 17).

Dans *Montaigne, la manière et la matière*, Geralde Nakam montre que le XVIe siècle propose deux types de représentation du destin de l'humanité et, partant, deux conceptions de l'histoire. Le philosophe Jean Bodin illustre la première. Pour lui, l'Histoire, « inspirée par l'alternance de la nuit et du jour, obéit à une apaisante nécessité ». Au-delà de cet apparent pessimisme, le temps a un sens qui n'est pas celui de la décadence ou du déclin, mais du progrès. Ce n'est pas un hasard si le premier théoricien français de l'Etat « moderne » croit que l'âge d'or est devant nous. Montaigne inaugure une autre conception de l'histoire. Plus proche de Machiavel que de Bodin, il reprend la figure de la Fortune, « une des grandes figures des *Essais* par la variété de ses hasards », comme le souligne Nakam. Ses titres en disent long : *Par divers moyens on arrive à pareille fin* (I, 1) *Divers événements de même conseil* (I, 24). Montaigne admire dans Des Coches « *la perpétuelle modification et vicissitude* » des formes du monde. L'inattendu, l'aléa le séduisent : l'angoisse ou la surprise y sont incluses, l'échec et le malheur aussi bien que la chance, avec l'art de la saisie. Le temps, en lui-même, est comme l'homme, ondoyant et divers, il ne s'ajuste à aucune forme fixe, il porte en lui tout l'avenir du monde, « *et cet avenir est ouvert à tous ses jeux* ». Pour autant, la richesse ou les pièges du hasard ne condamnent pas à l'inaction. L'homme a le pouvoir de modifier le cours des choses. Il est le maître des commencements : à lui de savoir, avant qu'il ne lui échappe, l'arrêter ou l'orienter, avec tout ce que l'Histoire lui aura appris de prévisions. Montaigne développe cet avertissement dans « *De ménager sa volonté* » :

« *De toutes choses les naissances sont faibles et tendres. Pourtant* [c'est pourquoi] *faut-il avoir les yeux ouverts aux commencements car comme lors en sa petitesse on n'en découvre pas le danger, quand il est accru on n'en découvre plus le remède* » (III, 10).

A l'opposé de ceux qui cherchent à instrumentaliser le passé pour mieux circonvenir l'avenir, à l'inverse de ceux qui réduisent l'Histoire à une spécieuse généalogie et ne sont satisfaits que lorsque leurs ancêtres descendent d'eux, Montaigne livre des exemples historiques plus énigmatiques que démonstratifs. Il faut nourrir des âmes fortes dont la force tient à l'alliage, comme en un acier damasquiné. Prémisse de l'âge baroque ? On le sent à la recherche de perles. Il est vrai que, de la cour des Valois à celle d'Ivan le Terrible en passant par celle de la rousse Elisabeth qui en cuirasse son gorgerin, l'entournure de ses manches et les longues phalanges de ses doigts, l'Europe vit sous le signe de la perle fine. On comprend mieux la difficulté d'écrire, aujourd'hui, comme Plutarque : ouvrir comme des huîtres des personnages actuels, c'est prendre le risque de n'y trouver que des perles de culture.

Montaigne est captivé par des visages : dans les *Essais*, il est peu question des cités grecques, de l'Empire romain ou de l'Etat français, mais de tel ou tel Romain, de tel ou tel Grec, de tel ou tel Français. A rebours des « visions astronomiques » dont, à en croire Péguy, les Modernes s'enchantent, Montaigne n'éprouve pas la nécessité de considérer les vastes horizons dramatiquement mouvementés. Sur le terrain de l'histoire comme sur tous les autres, sa vision du détail concret et individualisé s'oppose à toute interpolation globale. Tout se recentre sur les personnages. Leurs exploits ne tiennent souvent pas plus de place, souvent même moins, que leurs dires, le rôle qu'ils jouent dans un cercle très restreint, leur vie privée et personnelle. Montaigne, historien des Annales ? Voilà en tout cas un écrivain qui, à l'aube des Temps modernes, ne fait pas des grandes campagnes, des batailles, et du jeu d'intérêt des puissances politiques le chiffre ultime de la raison historique. Les grandes étapes de l'épopée ne sont qu'une matière parmi d'autres où l'auteur, mémorialiste de l'infime, peintre du « petit fait vrai », déchiffre le caractère de l'individu qui s'y exprime.

Montaigne contre l'historico-mondial. Montaigne hanté, moins par les guerres oubliées, que par ce qu'on oublie dans le récit des guerres. Par les déchets de la Grande Histoire. Par tout ce qui, dans le passé, échappe à cette alchimie mensongère : l'historicisation. Par l'ultime résistance de l'événement à la rationalité qui prétend en rendre compte, et où il s'abîme. S'il n'y a d'accessible que l'humain, encore faut-il en pénétrer toutes les couches atmosphériques. Dans la figure historique de l'homme, pas plus qu'en lui-même, il ne discerne d'évolution dans l'écoulement du divers. Il n'a pas besoin des faits historiques pour apprendre que notre condition est le changement perpétuel, il le sait déjà. Il trouve d'autant mieux dans l'histoire ce qu'y cherche sa sagesse qu'il ne la considère pas historiquement.

Un Maigret qui ne conclut pas

Montaigne est un Maigret qui ne conclut pas, un Nestor Burma qui cherche encore et toujours. Sa méthode d'enquête qui ne résout rien a de quoi nous agacer nous qui n'acceptons que les remises en question prometteuses qui débouchent sur de nouvelles instructions. On comprend que nos modernes archaïsants soient fatigués d'un livre qui déploie dans un apparent pêle-mêle toutes les singularités physiques, morales, politiques, intimes de l'homme.

Pourtant, si l'enquête de Montaigne avait abouti à un certain nombre d'affirmations précises au lieu de demeurer la plupart du temps suspendue, ces résultats mêmes nous paraîtraient dépassés, alors que le mouvement qui l'anime est toujours actuel. Sa méthode est une sorte de soleil sous lequel les questions mûrissent insensiblement comme des fruits et dans l'ignorance du plus grand nombre.

En lisant Montaigne, on arrive très vite à la conclusion que cet homme partout présent est une créature incertaine de sa valeur, indécise dans ses mobiles, imprévisible dans ses réactions au destin, mais capable aussi de trouver le bonheur et la paix au milieu de son ignorance et de sa bassesse, de créer cette œuvre d'art qu'est la sociabilité, d'atteindre ce sommet qu'est l'amitié.

Dans la bibliographie intellectuelle qu'il lui consacre, Hugo Friedrich, disciple du philosophe existentialiste Karl Jaspers, s'attache à souligner combien l'auteur des *Essais* humilie l'homme. Puis il insiste sur le fait que cette humiliation n'est pas la porte ouverte au repentir, mais au dépouillement, à une mise à nu, à une mise à niveau qui permettent de revenir à l'essentiel. Montaigne abaisse l'homme et pourtant, à l'humble place qu'il occupe dans le monde, lui ouvre les yeux sur le miracle des inépuisables possibilités de l'univers et de lui même.

Cette résignation a sa propre réalité, et cette manière de s'accommoder de son sort ne favorise pas le repentir mais le dépouillement. L'homme du XVIe siècle ignore le remords alors que le Moyen Age avait été rempli de belles manifestations de repentance. Bien sûr, on rencontrait encore au fin fond de la Castille quelques bandes de flagellants qui parcouraient les campagnes poussiéreuses où ne poussaient que des noblaillons haves et orgueilleux, futures plaies du Nouveau Monde. Mais jamais, comme Gilles de Rais après ses crimes, le contemporain de notre gentilhomme ne se serait roulé sur sa couche en priant et en pleurant.

Catholique pour la forme, protestant sans religion et humain passionnément, l'homme du XVIe siècle n'est jamais un mystique. Il est pervers comme les grands lévriers de race. Folie, luxure, mort et sang abondent autour de lui. Les reines et les favoris finissent partout assassinés. Les têtes roulent comme des dés sur le tapis de l'Histoire. Les cours sont remplies de meurtres et les livres appelant au régicide pullulent. On goûte violemment la vie parce qu'on l'accepte dans sa totalité et dans sa contradiction.

L'homme du XVIe siècle ne réprouve pas le repentir. Sa psychologie en tient compte comme on fait d'un phénomène connu. Mais il lui semble impuissant et chimérique. De fait, pour Montaigne, l'homme est plus vrai et plus authentique quand il s'accepte que quand il travaille à se changer. Il est sage de ne pas se vouloir autre que je n'ai été, et de ne pas redouter ce que je serai.

« *Si j'avais à revivre, je revivrais comme j'ai vécu ; ni je ne plains le passé, ni je ne crains l'avenir* » (III, 2).

Jetant un regard rétrospectif sur l'ensemble de sa vie, l'auteur des *Essais* observe qu'il a été fidèle à lui-même et c'est cette fidélité qui lui permet de jouir d'un ordre riche en métamorphoses, quoique impénétrable : « *Lorsque je consulte des départements de ma jeunesse avec ma vieillesse, je trouve que je les ai communément conduits avec ordre, selon moi.* » Cela dispense une paix que le repentir ne doit pas troubler par son intervention.

La tolérance envers soi-même n'est pas un sentiment passif. Elle s'abstient de condamner après coup une conduite révolue, sachant qu'elle résultait d'un concours qui ne se répète pas à l'identique. « *Je trouve qu'en mes délibérations passées j'ai, selon ma règle, sagement procédé pour l'état du sujet qu'on me proposait... Je ne regarde pas quel il est à cette heure, mais quel il était quand j'en consultais.* »

Reporté sur lui-même, c'est du même respect du droit individuel et de l'unicité de l'instant que Montaigne fait preuve à l'égard des autres, hommes, peuples ou temps. Il se permet d'être modérément, mais sans médiocrité ou petitesse paresseux et infidèle, orgueilleux et lâche : il est dans la nature même de l'homme d'être aussi cela. Même nos défauts sont des qualités, nos incapacités des aptitudes, nos défaillances des organes vitaux sans lesquels, êtres étranges, nous déparaîtrions. L'homme est si faible et si écrasé, mais néanmoins si viable et si bien dans la vie. Friedrich a bien montré que, jusque dans ses derniers essais, Montaigne reste attaché à l'idée que la connaissance de soi et la transformation de soi-même sont deux choses différentes et que le repentir peut être une trahison commise par l'homme au détriment de l'être dont il a la charge.

« *Je corrigerais bien une erreur accidentelle, de quoi je suis plein mais les imperfections qui sont en moi ordinaires et constantes, ce serait trahison de les ôter* » (III, 5).

Montaigne est l'exemple de la manière dont on peut renoncer à la morale active tout en pratiquant le commerce avec soi-même comme une très sérieuse affaire. Il compense l'apparente perte de rigueur par le sérieux, mieux, la rectitude absolue qu'il met à se découvrir et se connaître. Ce dépouillement, ce dénuement moral est nécessaire pour rendre possible une éthique du souci de soi. L'oreille fine aux écoutes du dedans ne perçoit l'harmonie cachée de puissances qui régentent le moi qu'après avoir imposé silence au vacarme de la conscience.

Il y a, là encore, un parallèle intéressant à établir entre la France de l'auteur des *Essais* et la nôtre. Contrairement à ce qui se passerait aux XIXe, XVIIIe, XVIIe siècles, la mémoire est, aujourd'hui, à la mode. Certains la considèrent même comme un produit de consommation courante utilisé à des fins politiques, au point que nous ne sommes pas hantés par le spectre d'un homme sans mémoire mais, pour reprendre la très belle expression de David Rousset dans *L'Univers concentrationnaire*, d'un « homme sans oubli ».

On a vu que Montaigne entretient un dialogue permanent avec les morts, mais ce n'est pas pour reprendre à son compte les chroniqueurs catholiques qui font descendre Henri de Guise de Mérovée ou les errements des protestants qui comparent Henri de France à un Sardanapale sodomite et sacralisent la naissance de leur héros, Henri de Bourbon, tel Hercule, dans une carapace de tortue. La mémoire nie la distance, elle transforme le passé en un perpétuel présent et nous fait vivre dans un cauchemar partagé. Or, la culpabilité comme l'innocence ne saurait être collective, elle est forcément personnelle. Montaigne retrouve la célèbre phrase du Deutéronome : « Les enfants n'auront plus les dents agacées parce que leurs parents ont mangé des raisins verts. »

4

DE SOMBRES TEMPS

Un Socrate guerrier

Polemos est père de toutes choses. La philosophie, ça sert aussi à faire la guerre. Cette dernière est partout présente dans l'œuvre de Montaigne. Où l'on note la place accordée à l'art militaire, à l'armée, au combat, à la bravoure, au courage ou à la faiblesse du cœur. Longtemps cet aspect a été évité ou minoré par ses biographes. Or, tout comme Descartes, notre philosophe porte l'épée et entre en guerre.

J'écris bien *la* guerre et non pas seulement *les* guerres, les conflits religieux et politiques qui déchirent la France et dont il est aussi question dans les *Essais.* Je veux parler de la guerre en général, qu'il s'agisse de ses pratiques, de ses théories, des hommes chargés de destin qu'elle forme, déforme, révèle, met en jeu et en scène. La guerre comme lieu d'exercice de la vertu, parce que – ce serait l'explication à courte vue — Montaigne chercherait consciemment ou non à en rajouter sur sa gentilhommerie ; plus simplement parce que la guerre fait partie de la condition humaine et qu'elle constitue, avec la douleur, la mort et le cortège des épreuves de la vie une forme comme une autre. Une forme aiguë de ce jeu de la vérité avec l'existence, qui fascine l'auteur des *Essais.* L'expression « baptême du feu » est à prendre ici dans son sens littéral.

Dans sa préface de l'édition de 1595 des *Essais*, Marie de

Gournay n'hésite pas à présenter l'ouvrage comme une « école de guerre et d'Etat ». Et de fait, les exemples abondent notamment dans le premier livre et le second livre. Il suffit de reprendre les intitulés des chapitres : « *Si le chef d'une place assiégée doit sortir pour parlementer* », « *De la bataille de Dreux* », « *De la punition de la couardise* », « *Des destriers* », « *Des armes des Parthes* », « *Observations sur les moyens de faire la guerre de Julius Caesar* »... A cela s'ajoute un rejet du parler « *pédantesque* » au profit d'« *un parler succulent et nerveux, court et serré [...] plutôt soldatesque* » (I, 26), un « langage mâle et militaire ». La majorité des personnes citées par Montaigne dans ces deux livres sont des grands capitaines. On y croise notamment Epaminondas, le chef béotien ; Edouard, prince de Galles, au siège de Limoges ; Blaise de Montluc, grand pourfendeur de huguenots ; Anne de Montmorency, massacreur des Bordelais ; Scanderbeg, général en chef du royaume des Aigles « *suivant un soldat des siens* » ; l'empereur Conrad III qui assiège Guelph, duc de Bavière ; Bertrand du Guesclin, le capitaine Bayard...

A inventorier ces noms, on aperçoit aussi l'individualisme foncier de tous ces guerriers qui composent davantage un club qu'une armée. Leur vrai propos est de se distraire non de construire une architecture politique. De se distraire en conférant le beau rôle à la mort. On ne la fuit pas, puisque le jeu consiste à lui passer sous le nez avec les plus beaux gestes. Si on ne savait pas qu'on risque de rester accroché à ses cornes, le jeu n'en vaudrait pas la chandelle.

« *La forme propre, et seule, et essentielle de noblesse en France, c'est la vacation militaire* » (II, 7, 363).

Les mémorialistes et les « éditorialistes » de cette époque, ne disent pas que tel ou tel soldat a été tué, ils racontent qu'il a été « couronné » par la mort. Le confort dans la distraction étanche la soif de l'anéantissement. Nous ne pouvons plus le comprendre. Du Golfe au Kosovo, « nos » guerres en témoignent : les armées se sont abonnées au risque zéro en attendant de faire bénéficier les civils de ces mêmes garanties.

Les militaires ont été les premières victimes de cette bombe à fragmentation qu'est la subjectivité plate et vide. La subjectivité sans sujet. Voilà pourquoi le nombre de grands capitaines se raréfie quand celui des géopoliticiens ou de géostratèges explose. Tout le monde s'improvise tacticien. Les théories philosophiques ont maintenant revêtu des treillis. Certes, « toutes actions, dit la philosophie, siéent également bien et honorent également le sage ». Et, il est vrai qu'à bien des égards :

« *Il n'est occupation plaisante comme la militaire ; occupation et noble en exécution (car la plus forte, généreuse et superbe de toutes les vertus est la vaillance), et nombre en sa cause ; il n'est point d'utilité ni plus juste, ni plus universelle que la protection du repos et grandeur de son pays* » (III, 13).

Mais la différence est que Montaigne ne se contente pas de philosopher sur une carte d'état-major. Il ne joue pas aux soldats de plomb. Il ne se pose pas non plus en héros malrucien (« *Qui serait fait à* [sup]*porter valeureusement les accidents de la vie commune, n'aurait point à grossir son courage pour se rendre gendarme* »). Il se garde bien de donner des conseils aux militaires et n'hésite pas à payer de sa personne. Bibliographe de son époque, La Croix du Maine souligne qu'il a abandonné la robe de magistrat et sa charge « pour suivre les armes ».

Montaigne n'est pas un pacifiste comme Erasme. De toute manière, il pense, comme écrira Spinoza, que « *la paix n'est pas l'absence de guerre, c'est une vertu de l'âme* ». Il a servi entre 1573 et 1577, alors que la guerre civile se déchaînait et qu'il ne souffrait pas encore de la gravelle. Et que l'on ne prétende pas qu'il s'agissait de simples escarmouches. Rappelé en 1580, lors de la guerre dite « des Amoureux », il voit s'écrouler, devant La Fère son ami, le comte de Gramont, mortellement blessé.

Socrate apparaît souvent dans les *Essais* ; il investit le troisième livre et particulièrement le dernier chapitre, « *De l'expérience* ». Or, le portrait qui nous est fait de lui représente le philosophe armé de pied en cap, telle Pallas Athéna, et farouche combattant.

« *Il s'est vu, le premier parmi tant de vaillants hommes de l'armée, courir au secours d'Alcibiade accablé des ennemis, le couvrir de son corps et le décharger de la presse à vive force d'armes [...] Il s'est vu, en la bataille délienne, relever et sauver Xénophon, renversé de son cheval* » (III, 13).

Est-il ici question de l'ordonnateur du *Banquet* ou de celui des *Essais* ? Celui que le philosophe Jean-Pierre Camus, ami de saint François de Sales, considère comme un « Socrate chrétien » se peint en un Socrate guerrier. Pas question de rester à sa table. D'ailleurs, Montaigne déteste la position assise sauf quand son cul est sur la selle d'un cheval.

Dans *Le Désastre de Pavie*, Jean Giono raille déjà notre goût pour les fauteuils. Que dirait-il aujourd'hui alors que l'on peut en toute quiétude faire la guerre dans un canapé en regardant CNN ? La bravoure et le patriotisme sont à portée d'accoudoir. L'histoire du monde se décide dans un fauteuil. De là, l'efflorescence d'un lexique d'évitement, de contournement de l'action. Avant de se battre, il nous faut agonir d'épithètes nos adversaires comme les Grecs impuissants devant les murailles de Troie, encercler nos ennemis dans les rets de la nomination et épiloguer à nous en étourdir sur leurs mouvements supposés et décomposés. « Au lieu de faire des parties, nous devenons problémistes de jeux d'échecs », écrit Giono. C'est au nom de ces problèmes que nous nous faisons une « idée » de la situation de notre pays, de l'Europe et du monde.

Or il n'y a pas d'idées dans les grandes batailles, surtout pas de préconçues, ni de grandes. L'univers est une proie, la cupidité un élan vital et chacun se retrouve face à l'autre dans la charité universelle de Dieu. Pavie, qui purgera le royaume durant deux décennies de sa noblesse factieuse, est une mêlée extraordinaire parce que, à cette occasion, le sort de la France s'est joué comme il se joue de nos jours dans un match de football, à l'insu de tous : des spectateurs, comme des joueurs.

« *Cette effroyable ordonnance de tant de milliers d'hommes armés, tant de fureur, tant d'ardeur, tant de courage ; il est plaisant à considérer par combien vaines occasions elle est agitée et par combien légères occasions éteintes* » (II, 12).

Les gens de Pavie auraient haï leur canapé : en guerre, ils bataillaient. Au XVIe siècle, seuls font la guerre ceux qui veulent la faire, ceux qui sont contents de la faire, qui la font par plaisir. Qu'importe ces dégringolades de ferblanterie, l'odeur du sang, la fumée de la poudre, l'éclair des épées qui tournent au ras des oreilles des chevaux et les affolent.

« *Quel intérêt avez-vous à ce siège ? [...] je n'y prétends profit quelconque ; et de gloire [...] je n'ai ici ni passion ni querelle. Voyez-le pourtant le lendemain, tout changé, tout bouillant et rougissant de colère en son rang de bataille pour l'assaut : c'est la lueur de tant d'acier et le feu et tintamarre de nos canons et de nos tambours qui lui ont jeté cette nouvelle rigueur et haine dans les veines* » (III, 4).

La paix leur coupe la gorge. A plus forte raison, celle des chefs ; on verra à la bataille de Pavie des capitaines et même des soldats se plaindre d'occuper des postes éloignés de la mêlée et « *déserter en avant* » pour y prendre part, au mépris des ordres qu'ils avaient reçus. « *Vivere, mi Lucili, militare est* (Vivre, mon cher Lucilius, c'est se battre) », dit Sénèque. On se fait battre, les ennemis entrent en France, c'est simplement une monture qui tourne mal, un match perdu. La France qui n'existe pas, d'ailleurs, mais qui pourtant vit plus terriblement qu'aujourd'hui, n'a rien à voir avec ces jeux. Et c'est toujours un jeu, quand le tombeau de Montaigne le représente en grand guerrier, armé, le casque et l'épée à côté de lui, deux lions à ses pieds.

Hygiène du spadassin

Dans une époque déchirée par les luttes intérieures, la guerre étrangère peut-elle guérir la guerre civile ? Jean Bodin débat doctement de la question dans sa *République* (livres IV et V), et le protestant La Noue, chef militaire, au chapitre IX de ses *Discours* la discute longuement et avec son sérieux habituel : « Est-il vrai qu'étant notre nation insolente en paix, impatiente de demeurer en la maison, et pleine de désireuse gloire, que par nécessité, il faut l'exercer par le moyen des armes, afin que tant de fantaisies d'esprit se déchargent hors du royaume et non dedans. Finalement que les mauvaises humeurs qui sont restées de nos dissensions civiles ont besoin d'être purgées et qu'il faut les laisser sortir d'elles-mêmes ? »

Quand il écrit ces mots, La Noue parle d'expérience. Pour satisfaire les ambitions dynastiques contrariées de son protecteur, le duc d'Alençon, ce valeureux capitaine restera six ans à se morfondre dans une geôle.

Montaigne s'est penché sur cette question. Tirer les dix mille, ou cinq mille ou mille querelleurs du corps de la nation, comme on tire le sang avec une sangsue. Pourquoi ne pas *purgare* ? C'est bien là une médecine d'Ancien Régime. Médecine usitée aussi par les Romains qui se ménageaient toujours un conflit lointain pour occuper et exercer une jeunesse remuante souvent tentée par le régicide... Montaigne a devant lui une France épuisée, exsangue à force de guerres civiles, sonnée par ces années, non de guerre, mais de boucheries. Il lui est loisible de constater que les premiers troubles ont commencé avec la désastreuse paix de Cateau-Cambrésis qui nous prive pour trois siècles du mirage italien. Il lui est facile aussi de se rappeler que la fraternité d'armes entre catholiques et réformés pendant la guerre contre la maison d'Autriche a fait place à la haine et à la rivalité. Le pays est déchargé du poids de ses conquêtes mais il a désigné le gibier à abattre.

Avoir tant de princes, ducs et gentilshommes et manquer de l'exutoire d'une guerre étrangère est bien périlleux. On fixe des cales aux angles du royaume et on tire les verrous pour que s'affrontent les coqs.

A la veille du grand massacre de la Saint-Barthélemy, Charles IX et Coligny ne projettent-ils pas de secourir les Pays-Bas et d'incendier les Flandres espagnoles pour dériver les ardeurs de la noblesse française ? Nous avons vu, le 11 septembre 2001, combien un ennemi extérieur pouvait souder une nation éparse, une nation éparpillée, dont le corps social, à force de passe-droits communautaires, est aussi disparate qu'un manteau d'arlequin. « *J'ai vu de mon temps [...] ce notable spectacle de notre mort publique.* » A l'inverse, l'effrayant gaspillage de vies et de biens durant les guerres civiles condamne de lui-même ces affrontements sans issue. Reprenons le bilan des premiers troubles : Antoine de Bourbon, roi de Navarre, tué au siège de Rouen ; le connétable de Montmorency blessé et prisonnier à Dreux ; le maréchal de Saint-André tué ; le duc de Guise assassiné devant Orléans. Et ce n'est qu'un amuse-gueule au grand banquet funéraire. Pendant la troisième guerre de Religion, aux batailles de Jarnac et de Moncontour, les pertes sont considérables. Seuls les gentilshommes tués sont dénombrés : soldats et civils tombent dans la poussière du néant. Lors de ces boucheries, l'ennemi n'est pas l'étranger, l'adversaire, mais le voisin ou le parent.

« *Les guerres civiles ont cela de pire que les autres guerres, de nous mettre chacun en échauguette en sa propre maison* » (III, 9).

Et Montaigne d'ajouter :

« *En matière de guerres intestines, votre valet peut être du parti que vous craignez. Et où la religion sert de prétextes, les parentés mêmes deviennent infiables, avec couverture de justice* » (II, 15).

Lui aussi parle d'expérience : sa famille elle-même est le champ clos de la lutte entre catholiques et réformés. A la bataille de Coutras, où le petit monarque de Navarre se couvre de gloire en écrasant les troupes royales du duc de Joyeuse, Montaigne sert les loyalistes sous les ordres du maréchal de Matignon. Et Bertrand de Montaigne, le cadet, sert dans l'armée huguenote.

Notre gentilhomme a vu se lever dans les campagnes non pas des gentilshommes avides de se couvrir de gloire, mais des hommes lourds et épais, égoïstes et bornés, âpres au gain, éblouis par un sou neuf, du pain blanc, un verre de vin rouge, et par tout ce qui, hors de chez eux, est monnaie courante. Leurs chefs ne sont pas plus intelligents qu'eux ou, s'ils le sont, c'est par l'exagération pure et simple de leur rusticité. Le courage de ces bandes est celui du bœuf et, pour les meilleurs, celui du taureau. De quoi désespérer les géostratèges en chambre et tous le docteurs en « arts de la guerre ».

Quand les populations civiles s'entre-déchirent, c'est le rebut de la nation et de la passion qui se porte volontaire en premier. Montaigne a bien envisagé la possibilité de substituer le conflit étranger à la guerre civile, comme on détourne la Dordogne. Dans le chapitre 23 du livre II, « *Des mauvais moyens employés à bonne fin* », il reprend la politique romaine et son expansion belliqueuse : « *Les Romains bâtissaient par ce moyen leur colonie ; car sentant leur ville grossir outre mesure, ils la déchargeaient du peuple moins nécessaire [...] Parfois aussi ils ont à escient nourri des guerres avec aucuns de leurs ennemis, non seulement pour tenir leurs hommes en haleine, de peur que l'oisiveté, mère de corruption, ne leur apportât quelque pire inconvénient... mais aussi pour servir de saignée à leur république et éventer la chaleur un peu trop véhémente de leur jeunesse.* »

Les guerres puniques puis dans l'histoire moderne, le débarquement d'Edouard III en Bretagne, l'expédition montée par Philippe Auguste contre l'Angleterre, les folles équipées d'Italie sont des exemples de saignée curative. Montaigne s'interroge sur cette hygiène du spadassin. Faut-il laisser la voie libre à « *ces humeurs qui dominent notre corps si on ne les écoule ailleurs, maintiennent notre fièvre toujours en force, et apportent enfin notre ruine* » (II, 23) ? Dieu ne peut favoriser une telle solution « *pour notre commodité* », mais n'est-ce pas Lui qui rend possible que des disputes théologiques entre chrétiens aboutissent à des guerres plus acharnées que celles contre les Turcs ? Rien ne semble dépasser en horreur les guerres de Religion. Et tout cela, dans quel but ? Pour quel prétexte ?

« *Confessons la vérité : qui tirerait de l'armée, même légitime et moyenne, ceux qui y marchent par le seul zèle d'une affection religieuse [...] il n'en saurait bâtir une compagnie de gendarmes complète* » (II, 12).

Jusqu'à quel point les rivalités nationales ne doivent-elles pas être entretenues, comme par hygiène ? Les haines séculaires sont-elles des antidotes aux religions séculières ? En concluant les guerres civiles par une expédition contre l'Espagne, Henri IV mène moins une ultime guerre de Religion contre son ennemi catholique, qu'il ne prend la tête d'une guerre nationale contre un ennemi national.

Après le fer, la poudre et la bataille, ce qui était homme et chargé de destins devient un peu de fumure malodorante. Mais cette fumure ne fait pas que lever des rideaux de peupliers dans la plaine, elle dresse un ordre des choses. Comme l'écrit Jean Giono dans *Le Désastre de Pavie*, elle « est un élément d'un lent jardinage politique d'où sont sortis les jardins actuels ».

Les rien-pensants

« *Je ne hais point les fantaisies contraires aux miennes. Il s'en faut tant que je m'effarouche de voir la discordance de mes jugements à ceux d'autrui [...] Et ne fut jamais au monde deux opinions pareilles, non plus que deux poils ou deux grains. Leur plus universelle qualité, c'est la diversité.* » (II, 37).

Après plus de cinquante années de guerre idéologique, la chute du Mur de Berlin aurait dû constituer, en toute logique, une ouverture, la chance d'inventer autre chose. Il nous paraissait aller de soi que le droit d'avoir sa propre vie, ses propres pensées, et de les exprimer librement par la parole et par l'écrit, nous revenait sans contestation, « tout autant que le souffle de notre bouche que le battement de notre cœur », comme le dit Stefan Zweig dans son *Montaigne*. C'était bien, là aussi, une renaissance. Tout à coup, le monde s'ouvrait devant nous avec ses pays sans nombre, nous n'étions ni prisonniers de l'Etat, ni asservis ni enrôlés au service de la guerre, ni soumis à l'arbitraire d'une tyrannie. Personne ne courait le risque d'être exilé ou chassé de sa patrie. A la lecture des *Essais*, il nous semblait que Montaigne secouait des chaînes depuis longtemps brisées.

Que s'est-il passé ? Ces dernières années, le débat en France a pris un tour qui s'apparente davantage aux guerres de Religion qu'à la fructueuse confrontation intellectuelle. A peine une thèse est-elle portée sur la place publique que l'on est sommé de choisir son écurie, sa tribu, voire son parrain. Nous sommes retombés en plein féodalisme intellectuel. Ne pas avoir de suzerain, de fortin éditorial où se retrancher, c'est courir le risque d'être à la merci des grandes compagnies. Peut-on encore débattre en France ? Reconnaissons que tout questionnement de ce type est devenu suspect. Economie, société, politique, défense, culture, consommation : la chasse à l'hérétique sur fond de consensus médiatique s'est substituée progressivement à la discussion et à l'argumentation. A l'époque de Montaigne, un hérétique pouvait bien se rétracter, il n'en montait pas moins sur le bûcher. Aujourd'hui, faire son autocritique ne garantit nullement la vie sauve. Certes, le fait que les intellectuels et les publicistes fassent preuve, dans la presse et les médias, d'un comportement belliqueux, n'est pas nouveau. Il suffit de voir au XVIe siècle la manière dont Erasme est traîné dans la boue aussi bien par les réformés que par les ultracatholiques.

Bien avant l'axiome ridicule dont s'est gargarisée toute une partie de l'intellocratie française – « Je préfère avoir tort avec Sartre que raison avec Aron » – il y eut la phrase de Cicéron : « *Errare mehercule malo cum Platone quam cum istis vera sentire* (Je préfère au nom du ciel m'égarer avec Platon plutôt que de voir juste avec ses adversaires) ».

Au sein de toutes les nations européennes, il existe des polémiques très dures, mais jamais de non-débat. En Allemagne, en Angleterre, en Italie, des intellectuels comme

Massimo Cacciari, Umberto Eco, Claudio Magris, Peter Sloterdijk ou Harold Pinter défendent des opinions tranchées tout en conservant assez de liberté d'esprit pour soumettre leurs positions au crible du doute méthodique. Ici le souci de déconsidérer l'adversaire a atteint des raffinements inégalés lorsque, par exemple, le lynchage médiatique s'accompagne d'un « lynchage compassionnel » pour reprendre la formule d'Alain Finkielkraut. Non contents de bénéficier, aujourd'hui, de la totalité des pouvoirs et de leurs médias, nos clercs officiants et officiels ont l'habileté de se présenter comme des victimes : toute discussion est présentée comme une agression contre eux et, pour finir, contre la liberté elle-même. La *disputatio*, encore pratiquée à l'époque de Montaigne, implique l'affrontement de deux ou plusieurs opinions, dont les défenseurs ont chacun la conviction que la leur est valable, car elle implique également le respect de l'interlocuteur. « Héritier de cet esprit » pour le philosophe Etienne Borne, Raymond Aron a rappelé maintes fois cette évidence : discuter, c'est assumer le risque de penser autrement après qu'avant :

« *Nulles propositions m'étonnent, nulle créance me blesse, quelque contrariété qu'elle ait à la mienne. Il n'est si frivole et si extravagante fantaisie qui ne me semble bien sortable à la production de l'esprit humain [...] Les contradictions des jugements ne m'offensent ni m'altèrent ; elles m'éveillent seulement et m'exercent* » (III, 8).

Or, à peine une thèse est-elle portée sur la place publique que la première interrogation n'est pas : « Que dis-tu ? », mais : « Es-tu proche de la Réforme ou de la Ligue ? » ou « N'as-tu pas parlé avec l'amie d'un huguenot ? » ou « N'as-tu pas déjeuné dans la même auberge d'un valet des Guise ? » ou encore : « Toi qui as défendu cette idée, il y a dix ans, tu dois donc penser que... » En d'autres temps, Maurras aimait terminer ses articles dans *L'Action française* par la formule : « Je ne sais pas si cette information est exacte ; elle n'en prouve pas moins que... ».

« *Est-ce raison de faire dépendre la vie d'un sage du juge-*

ment des fols ? » (II, 16.) Le seul luxe que nos rien-pensants se refusent est celui de l'impartialité. Loin de mépriser leur avantage, ils le poussent jusqu'au bout. Un lecteur qui ignore tout d'un livre attaqué n'est pas en état de découvrir les mensonges et les déformations qu'ils auront beau jeu, eux, de lui faire subir – les uns au nom d'idéaux menacés, les autres au nom de la défense de causes sacrées. Qu'importe, dira-t-on. Pourquoi s'occuper de ces chiens de garde qui s'efforcent de sauter jusqu'au mollet pour y planter leurs crocs hargneux ? Dans son *Journal,* Witold Gombrowicz a déjà répondu à cette objection : « Eh, le jugement que porte sur toi un imbécile, fût-il le plus monumental archicrétin de la terre, est loin d'être sans portée, car l'imbécile a pour nom : million. » Les sauterelles sont inoffensives et douces lorsqu'elles sont isolées mais elles adoptent, dès lors qu'elles dépassent une certaine densité, une conduite stéréotypée pour se transformer en dévoreuses.

Les grandes peurs

Les fins de siècle se ressemblent, dit Durtal, le héros de *Là-bas*. Et il poursuit : « Toutes vacillent et sont troubles. Alors que le matérialisme sévit, la magie se lève. Pour ne pas remonter plus haut, vois le déclin du siècle dernier. A côté des rationalistes et des athées, tu trouves saint Germain, Cagliostro, Cazotte, les sociétés des Rose-Croix, les cercles infernaux, comme maintenant !... »

Huysmans, par l'intermédiaire de son personnage-écrivain, définit ainsi deux caractéristiques des « fins de siècle » : sur la toile de fond d'un matérialisme prospère, s'inscrit insidieusement la recherche d'une pensée de pacotille.

Normal, les épigones et les basses époques ne savent ni croire en Dieu, ni regarder en face les atomes et le vide. Ils sont comme ces Romains incapables de comprendre les Evangiles ou Lucrèce, obligés de se tourner vers des bibelots intellectuels de quatre sous mais prétentieux et sophistiqués. Ils demandent du réconfort au surnaturel des baraques de foire.

En plein milieu du XVIe siècle, on se réfugie dans la mystique, on fuit dans la magie, dans l'exotisme.

Le mystère de la pensée mais aussi de la vie, de la mort et de la destinée se confondent avec celui de la femme sciée en deux devant le public et qui, subitement, bondit de celle-ci et salue. Aucun doute n'est permis, nous sommes bien encore dans une fin de siècle. Nous n'avons toujours pas quitté le XXe siècle.

Or, cette disposition d'esprit est propice à ce que l'on appelait au Moyen Age « les grandes peurs ». Depuis quinze ans, on ne parvient pas à débattre sereinement sans rejouer, à chaque occasion, une sorte de nouvelle affaire Dreyfus qui débouche sur une grande peur puis sur l'excommunication mutuelle avant de terminer la veste badigeonnée de poix pour le bûcher. Et qu'importe si « *c'est remettre ses conjectures à bien haut prix que d'en faire cuire un homme tout vif* » (III, 11).

Pour éviter de mener jusqu'au bout le questionnement, on a recours à un principe maintes fois éprouvé : moins vous avez de choses à dire, plus vous devez crier fort et discréditer votre interlocuteur. Les curés de Paris avaient déjà rodé cette tactique pour le compte des Guise. Ceux dont la voix tonnait étaient particulièrement prisés. On a connu des régimes dont il était interdit de contester les maîtres. Il semble qu'il y ait maintenant des sociétés où il est même interdit d'en parler. Aujourd'hui, on ne réfute plus, on est déclaré coupable par association.

Sous toutes ces haines se terre la dépendance la plus insondable à l'égard de ce dont elles voudraient, au fond, se rendre indépendantes. Les murs ont beau tomber, on nous interdit toujours d'échanger des mots à travers des barricades idéologiques, comme on nous interdit de faire évoluer ou bifurquer leurs significations.

Nous pensons en spirale. Nous nous élevons parfois, mais

nous n'avançons pas. Et nous restons toujours aussi éloignés du cœur du monde. La polémique implique non seulement le respect de l'adversaire, mais encore l'espoir que son opinion puisse de quelque manière être féconde. Faut-il rappeler cette évidence ? La discussion n'est pas une dispute entre deux joueurs de bonneteau.

« *Nous n'apprenons à disputer que pour contredire, et chacun contredisant et étant contredit, il en advient que le fruit du disputer c'est perdre et anéantir la vérité* » (III, 8).

Il est éprouvant que des clercs de tous bords qui devraient faire maxime majeure d'une « *vérité quoi qu'il en coûte* » aient une telle pente à commettre cette faute contre l'esprit. L'idée même que l'intelligence et la vérité n'appartiennent pas à un camp leur est insupportable. Tout comme l'idée d'abandonner un jour ce « nous » qui masque les abstractions pompeuses et les abstractions forcenées. Or, Montaigne, c'est l'anti- « nous ».

Qui donc « trahit », celui qui, tel l'auteur des *Essais*, s'efforce de penser dans un même mouvement une vérité et son contraire, ou celui qui pense, au fond de lui, qu'il n'y a pas de vérité mais seulement des intérêts et des interprétations ? Le débat est d'une certaine manière le lieu de validation des opinions : nous doutons de notre opinion et nous espérons qu'autrui puisse apporter des éléments susceptibles de les corroborer ou de les infirmer.

« *Rien n'empêche qu'on ne se puisse comporter commodément entre des hommes qui se sont ennemis, et loyalement* » (III, 1).

D'autant plus grande est la croyance que nous avons d'être dans le vrai, d'autant plus intensément nous devrions écouter avec patience celui qui nous dit que nous sommes dans le faux, car il nous sera facile de vaincre avec des bonnes raisons les arguments qu'il nous avance, et notre foi sortira d'une telle bataille plus vive et plus forte.

La vérité ne craint ni ne peut craindre la lumière. La meilleure et peut-être l'unique preuve de la qualité d'une théorie est qu'elle résout tous les obstacles qu'on lui oppose ; et plus nombreux sont ceux-ci, plus les raisons que nous avons de la croire vraie augmentent. Un exercice sans fin. « Il n'y a pas d'argument sans réplique », aimait à dire André Gide. Ce dernier, dans une lumineuse préface aux *Essais* (éditions Corrêa) écrivait : « Ce que Montaigne nous enseigne surtout, c'est ce que l'on appela beaucoup plus tard le libéralisme et il me paraît que de nos jours, c'est la plus sage leçon que nous puissions tirer de lui, en un temps où les convictions politiques et religieuses divisent affreusement et opposent entre eux tous les hommes. »

Rappelons que cette introduction a été rédigée durant l'entre-deux-guerres. « C'est bien la preuve que nous sommes revenus à cette période ! » diront précisément tous ceux qui font commerce des vieilles haines et qui ne rêvent que de rejouer une pièce qui a été écrite par d'autres. Tant de mauvais efforts ne resteront pas vains. Je suis persuadé qu'ils parviendront à rétablir ce climat de guerre civile. A une exception près : dans les années 30, le principal critère de vérité, à gauche comme à droite, était encore de savoir si une idée était vraie ou fausse. Aujourd'hui, il suffit de juger si elle est bonne et mauvaise, c'est-à-dire si elle est acceptable ou inacceptable.

*

« *L'humaine sagesse n'arriva jamais aux devoirs qu'elle s'était elle-même prescrits et, si elle y était arrivée, elle s'en prescrirait d'autres au-delà* » (III, 9). C'était la Renaissance ou c'était, peut-être, hier. Les clercs voulaient balafrer le siècle et clamaient leur intention de ne jamais faire quartier à rien ni à personne. Las, pour une poignée d'irréductibles, nombreux sont ceux qui se dispersèrent puis s'enlisèrent dans le néant du réel ou des illusions du pouvoir. Réfléchir ? Il fallait produire et vite pour satisfaire les traites ou le public, dont la curiosité était entretenue par la critique ou les éditeurs. Il fallait piocher, piocher encore dans la cervelle d'or. Cette humaine faiblesse a favorisé la tyrannie des experts et de tous ceux prêts à s'étriper sur le sens d'une virgule ou d'un mot, comme ces théologiens catholiques et ces réformés qui partirent en guerre sur le sens de la formule eucharistique : « *Hoc est corpus meum* (Ceci est mon corps) ».

« *La plupart des occasions des troubles du monde sont grammairiennes [...] combien de querelles et combien importantes a produites au monde le doute du sens de cette syllabe* HOC » (II, 12).

Si la confrontation civile est apparemment aujourd'hui plus aisée, il suffit parfois d'un « presque rien », dirait Jankélévitch, pour que les « armées » idéologiques repartent en campagne et recherchent à nouveau, dans l'incompatibilité des attitudes, la raison d'être et la justification de conflits qui en seront ainsi comme sacralisés et prendront un caractère de dramatique fatalité.

« *C'est toujours une aigreur tyrannique de ne pouvoir souffrir une forme diverse à la sienne* » (III, 8).

Nos guerres de Religion traversent les siècles. Comme dans la Grèce classique, la violence et la bataille engendrent à la fois les dieux et le combat des dieux qu'on rend responsables de la violence et de la bataille des hommes. La frontière du « débat » se trouve ainsi délimitée au soc de la charrue. Toute la recherche, toute l'énergie, toute l'innovation ne visent qu'à entretenir l'ardeur des combattants et à rendre le combat aussi nécessaire qu'inexpiable. Ainsi, figure moderne des mythologies, se déploie et s'emploie l'idéologie qui, n'en déplaise à Fukuyama, a encore de beaux jours devant elle. Pourtant, celle-ci, par sa nature même, fait violence à la réalité des faits.

Violence à la réalité politique : la France est multiple dans la pluralité de ses familles tant intellectuelles et spirituelles que politiques, et toute formulation dualiste et manichéenne active la tronçonneuse idéologique qui fonctionne comme une machine à séparer les semblables et à coaliser les dissemblables. « Il est doux d'être un parti à soi seul », nous dit Dante.

Violence également à la réalité sociale puisque coexistent, non sans empiétements réciproques, plusieurs sociétés dans notre société, chacune ayant sa part de vérité. Elles se contestent mutuellement sans que – et c'est le propre d'une nation moderne – aucune d'elles puisse, à moins d'irréparable régression, éliminer complètement l'autre. Analyse élémentaire mais fatale à ce tragique idéologique dont se nourrissent les fanatismes.

« *Qu'il lui fasse tout passer par l'étamine et ne loge rien en sa tête par simple crédit [...] Qu'on lui propose cette diversité de jugements : il choisira s'il peut, sinon il demeurera en doute* » (I, 26).

Cette perpétuelle tentation de ne débattre qu'avec ceux qui partagent les mêmes certitudes fait que les intellectuels sont parfois regardés de haut par le public. On se plaît à souligner que leurs idées ne sont pas nouvelles. Qu'importe si toute pensée un peu singulière se signale par ceci qu'elle ne dit jamais fondamentalement qu'une chose déjà dite et ne peut s'empêcher de la risquer chaque fois dans le prisme coloré des circonstances.

Progressivement s'insinue l'idée que nos clercs seraient les seuls, aujourd'hui, à croire à la pensée. Un tel jugement peut être revu. Pour cela, il faut que l'intellectuel français admette qu'il n'aura plus jamais la sincérité de Gide, qu'il n'aura plus la lucidité, même inoffensive, de Sartre, qu'il n'aura plus la radicalité, même spectaculaire, des situationnistes de Mai 68. Il lui reste l'absolue modestie de Montaigne.

Il y a quelques années, Umberto Eco a publié sous le titre : « Le premier devoir des intellectuels : rester silencieux quand ils ne servent à rien », un article caustique où il conseillait aux uns et aux autres de travailler dans le long terme afin d'assumer leur fonction avant et après, mais jamais durant l'événement : « Un économiste ou un géographe pouvait s'alarmer de la transformation des transports terrestres au moment où le bateau à vapeur entrait en scène, ils pouvaient analyser les avantages et les inconvénients futurs de cette transformation. Mais au moment où les compagnies de diligence tombaient en désuétude [...], ils avaient beaucoup moins à proposer qu'un postillon ou qu'un mécanicien, et invoquer leur parole ailée serait revenu au même que de reprocher à Platon de ne pas avoir proposé un remède contre la gastrite. »

*

L'absence de débat dans ce pays est, à bien des égards, insupportable, mais on se gardera de vouloir combattre cet état de choses par des procédés similaires. Nous n'arriverons sûrement à rien en nous insultant les uns et les autres, en nous traitant de fascistes, de plagiaires, de vendus ou de révisionnistes. Ce qu'il faut, c'est tâcher de réveiller parmi les clercs le sentiment de leur irréalité, de la fiction qui les fait vivre et que ce sentiment devienne pour eux décisif. Il faut leur répéter : vous n'êtes plus ce que vous imaginez être, vous vivez dans un monde apocryphe mais vous avez toutes les cartes en main pour rebattre le jeu et redistribuer vos chances.

Après tout, s'ils se comportent ainsi, c'est pour rester dans la tonalité des autres, ils dénoncent parce que les autres le font, ils ostracisent parce que les autres ostracisent, ils condamnent parce que les autres condamnent ; cependant ils valent tous davantage que la farce grotesque qu'ils jouent. Cela, il faut le leur répéter jusqu'à ce qu'ils se sentent comme les acteurs d'un mauvais mélodrame qui, dans des rôles étriqués et banals, n'ont pas la possibilité d'épanouir leur talent. C'est une position qui peut apparaître minimaliste. Elle nous permettra au moins de préserver un peu de notre intégrité jusqu'au jour où nous pourrons devenir plus réels. Et c'est aussi la leçon de Montaigne.

5

VIVRE À-PROPOS

De l'égologie à l'écologie

« *Nature est un doux guide, mais non pas plus doux que prudent et juste* » (III, 13). S'il y a un domaine où Montaigne peut être saisi sur le vif de sa singularité, c'est bien celui-ci. Pour notre nouveau philosophe, la nature est « naturellement » bonne. Il sait qu'elle entend mieux ses affaires que nous et qu'elle donne toujours des lois heureuses. Et il écoute cette nature qui lui donne le même conseil qu'à Lucrèce : « *Fais ton profit de la vie, puis apprends à la quitter ; joue ton jeu, que d'autres viendront jouer après toi ; accorde-toi un temps universel, où tout branle le même branle. Il a obéi. Il a répété le précepte ancien : que nous ne saurions faillir à suivre la nature.* »

« *Nature a maternellement observé cela, que les actions qu'elle a enjointes pour notre besoin nous fussent aussi voluptueuses, et nous y convie non seulement par la raison mais aussi par l'appétit : c'est injustice de corrompre ses règles* » (III, 13).

Montaigne contre Pascal et sa « déréliction » ? Vous croyez l'homme déshérité, désolé au milieu de cette nature où il est comme perdu, nu sur la terre nue, n'ayant pour s'armer et se couvrir que la dépouille d'autrui. Vous déplorez comme Heidegger l'angoisse de l'« être-jeté » (*Gewor-*

fenheit). Vous allez répétant que les autres êtres ont leurs coquilles, leurs gousses, leur écorce, leurs laines, leurs pointes, leur cuir, leur bourre, leur plume, leur écaille, leur toison, leur soie, selon leur besoin ; qu'ils ont leurs dents, leurs griffes pour assaillir ou se défendre quand l'homme, « roseau pensant », n'a pour lui nulle nature. Vous élevez encore les plaintes millénaires de Lucrèce. Quelle méprise ! « *Nous ne saurions faillir à suivre nature [...] le souverain précepte c'est se conformer à elle* » (III, 12).

Considérez les sauvages, toute cette vie primitive que les découvertes récentes viennent de nous révéler. A-t-on jamais mieux observé que la nature a fait l'homme heureux et que la civilisation n'ajoute rien à ce qu'elle nous a donné ? « *Il me semble que ce que nous voyons par expérience en ces nations-là, surpasse non seulement toutes les peintures de quoi la poésie a embelli l'âge doré et toutes ses inventions à feindre une heureuse condition d'hommes, mais encore la conception et le désir même de la philosophie* » (I, 31).

Sauvages, donc, comme ces fruits que nous appelons tels et qui sont les fruits mêmes de la nature, ils n'ont pas laissé étouffer les dons de l'éternelle institutrice. Quels artifices de l'esprit atteindront jamais à ces clartés naturelles que révèlent les paroles et les usages des hommes primitifs ? Il n'est pas jusqu'au cannibalisme qui, dans un chapitre fameux, ne trouve grâce aux yeux de l'auteur des *Essais.*

N'est-ce pas notre contagion de civilisés qui a été pour eux décadence et ruine ? Lorsqu'il nous exhorte ainsi à célébrer la mère nature, Montaigne peut sembler le précurseur d'une idéalisation de la nature, ce mythe du Bon Sauvage le XVIIIe siècle l'a cultivé.

Gare au contresens : la référence au Bon Sauvage relègue la nature au second plan en faisant la part belle aux illusions anthropomorphiques. Rien de plus étranger, en vérité, à la pensée de Montaigne que cet enjolivement narcissique de l'élémentaire, que ce jeu de miroirs entre l'homme et une nature polie à son image. Dans la partie centrale du chapitre « *Que philosopher c'est apprendre à mourir* », les « *bons aver-*

tissements de notre mère nature » engagent l'homme à se défaire justement de son égocentrisme et à contempler la mort du point de vue de la nature et non du point de vue de l'homme.

« *Votre mort est une des pièces de l'ordre de l'univers : c'est une pièce de la vie du monde... C'est la condition de notre création, c'est une partie de vous que la mort... L'eau, le feu, la terre, l'air et autres membres de ce mien bâtiment ne sont pas plus instruments de la vie qu'instrument de ta mort* » (I, 20).

Pour s'affirmer dans son humanité, il n'est pas nécessaire à l'homme de déroger à l'ordre du monde. La prétendue « égologie » de Montaigne est, de fait, une écologie puisqu'il congédie – et avec quelle ardeur ! – les mièvreries de l'anthropocentrisme. La nature cesse d'être à l'image de l'homme. Elle n'est pas plus à l'image du Bon Sauvage paré de toutes les verroteries des Lumières qu'à celle du Bon Civilisé véhiculé par les adeptes du petit père Comte. Nous ne sommes qu'un détail imperceptible. Dans cette multitude de mondes qui composent la nature, il n'y a rien qui ressemble à l'homme, et cependant rien ne lui est inférieur. Nous ne sommes pas même des roseaux pensants, car notre pensée échoue à nous garantir la suprématie dans l'univers. L'humanité et l'humilité se confondent et la modestie est la seule attitude appropriée à qui contemple la nature dans son entière majesté.

L'homme n'est ni au-dessus ni au-dessous du reste. Aussitôt qu'il s'enorgueillit de maîtriser le monde par la connaissance, il tombe par contre en dessous du sauvage, en dessous des bêtes. Notre image du réel n'est pas de l'ordre du savoir : elle est aussi subjective que celle des autres êtres.

La sollicitude de cette mère si bonne consiste à nous enseigner comment nous dépouiller de nos préjugés anthropocentriques : dans la mesure où nous redécouvrons en nous « les traces de son instruction » nous consentons avec gratitude à n'être que le « fruit d'une pointe très délicate » dans un monde qui à son tour est peut-être un point infime dans un univers infini. Ce faisant, nous admettons que nous ne sommes supérieurs à aucune créature.

« *J'accepte de bon cœur et reconnaissant ce que nature a fait pour moi et m'en agrée et m'en loue. On fait tort à ce grand et tout puissant donneur de refuser son don, l'annuler et défigurer. Tout bon, il a fait tout bon* » (III, 9).

Mais pourquoi chérir la nature comme une mère puisque celle-ci, pas si bonne mère que cela, ne nous accorde aucun privilège, ne nous révèle aucun secret et nous écrase de son infinité ? C'est qu'en dépit des apparences, son attitude à notre égard est véritablement maternelle. Elle nous témoigne sa plus vive affection en nous dégrisant des fictions qui nous leurrent, quand nous croyons à la réalité d'un moi éminent et parfait.

Si, en revanche, nous suivons jusqu'au bout ses désirs, elle nous conduit au consentement (vrai parce que lucide), hors du pré carré de l'anthropocentrisme, dans la reconnaissance de notre solidarité avec le tout : le sentiment d'unité cosmique est source de contentement.

Son attitude est maternelle aussi à l'égard de notre personne affamée de jouissance et de possession. La nature est pareille aux *Essais*. Il faut reprendre la phrase citée au début de ce chapitre. « *Nature a maternellement observé cela, que les actions qu'elle nous a enjointes pour notre besoin nous fussent aussi voluptueuses...* »

Mais elle sait que la démesure est ennemie de la volupté autant que de la sagesse : aussi s'applique-t-elle à nous enseigner la modération et nous engage-t-elle à accepter la nécessité universelle immanente à notre moi profond.

« *Il n'y a rien d'inutile en nature ; rien ne s'est ingéré en cet univers qui n'y tienne place opportune* » (III, 1).

Débarrassé des oripeaux de l'anthropocentrisme, nu comme un sauvage, Montaigne parvient à la consonance avec la nature. Et il communique aux lecteurs plus que des notions ou des idéaux : la sensation immédiate de la sérénité.

Quoi de plus normal puisque les *Essais*, comme l'a relevé

Marc Fumaroli, imitent la nature « en naissant d'elle et en exigeant du lecteur une sorte de collaboration pour que leurs puissances passent à l'acte ». La nature même du livre n'est-elle pas « généreuse, accueillante, abondante, conciliante d'elle-même, vérité et beauté, ordre organique et liberté métamorphique » ?

Animal trop animal ?

« *La manière de naître, d'engendrer, nourrir, agir, mouvoir, vivre et mourir des bêtes étant si voisine de la nôtre, tout ce que nous retranchons de leurs causes motrices et que nous ajoutons à notre condition au-dessus de la leur, cela ne peut aucunement partir du discours de notre raison* » (II, 12).

L'animal est un homme pour l'homme. Tout au moins dans les discours. Jamais on ne s'est déclaré aussi sensible à la souffrance non humaine. Jamais les maltraitances ou les brutalités envers les animaux n'ont été aussi durement punies par la loi. Les animaux domestiques, devenus « de compagnie », occupent une place croissante dans nos vies et dans nos villes. Un exemple parmi d'autres : l'adoption, le 15 octobre 1978 par l'Unesco, d'une « Déclaration universelle des droits de l'animal » qui proclame dans son préambule : « Tous les êtres vivants ayant une origine commune et s'étant différenciés au cours de l'évolution des espèces [...] tout être vivant possède des droits naturels. »

Une fois encore, la science s'en mêle. Les anthropologues étudiant les grands singes observent que leurs comportements sont plus sophistiqués que ceux de nos propres ancêtres hominiens. Le primatologue Francis De Waal va jusqu'à évoquer l'existence d'une « culture chimpanzé » quand d'autres scientifiques réclament en faveur de ces « doubles troublants de nous-mêmes » une protection à la liberté individuelle. Bref, de même que nous tentons de surmonter notre hostilité envers les êtres humains appartenant à d'autres tribus, à d'autres nations, à l'autre sexe, devrions-nous reconsidérer la « frontière de l'espèce » ?

Cela fait partie de ce que Musil, qualifiant les solutions qui constituent en réalité avant tout l'indice d'un problème, appelait les « fétiches de l'époque ». Fétiches que les philosophes, quelquefois par conviction, mais souvent aussi par opportunisme, se mettent facilement à adorer.

Pourtant dans le même temps, cette proximité accrue entre l'homme et l'animal n'empêche nullement le premier de déployer un arsenal de cruautés qui scandaliseraient nos aïeux.

« *Nous sommes le seul animal duquel le défaut offense nos propres compagnons et seuls qui avons à nous dérober, en nos actions naturelles, de notre espèce* » (II, 12, 463).

Henri III aimait voir s'entredéchirer ses lions et ses taureaux jusqu'à ce qu'un mauvais rêve le pousse à les massacrer. Montaigne note que « *les naturels sanguinaires à l'endroit des bêtes témoignent une propension naturelle à la cruauté* », et il ajoute : « *Après qu'on se fut apprivoisé à Rome aux spectacles des meurtres des animaux, on vint aux hommes et aux gladiateurs* » (II, 11).

Comment oublier la désinvolture devant le destin cruel et absurde de ces bêtes abattues massivement et brûlées par dizaines de milliers sur des bûchers, lors de l'épidémie de fièvre aphteuse pendant l'hiver 2000-2001 ? Souvenons-nous : tout en chantant la noblesse du dauphin ou l'ingéniosité du singe, on a accepté, au nom d'un principe de précaution devenu fou, les images complaisantes d'animaux frappés de comportements erratiques dont on se moquait, puis d'animaux morts tirés par des grues, désarticulés, déformés. Les animaux sont malades de la peste. Mais ici, c'est nous qui empestons la mort. Oubliant, selon le beau mot de Bachelard, que « les animaux sont les plus vieux compagnons de nos rêves ».

L'abattage industriel fait déjà de la mort administrée un acte purement technique. Mais cette démesure dans la technisation des vivants a éclaté au grand jour avec le massacre collectif et massif des animaux, entraînant ce que la philosophe Elisabeth de Fontenay a nommé « un sanglant non-sens ». Ainsi, tandis que la défense du droit des bêtes s'attaque au tabou des contacts sexuels entre elles et les humains, l'idée que les animaux sont des moyens servant nos fins, dans l'emportement du processus vital, s'impose comme une évidence. Entre ces deux extrêmes, le statut de l'animal reste à penser, tant dans l'humanisme traditionnel que dans ses déconstructions les plus bruyantes : qu'on le réifie pour se débarrasser du souci qu'il nous cause ou qu'on l'humanise pour le doter de droits, dans les deux cas, on passe étrangement à côté de lui, on nie sa réalité, et, tout aussi gravement, on nie la nôtre. Ceux qui affirment sa supériorité isolent l'homme du reste de la nature. « *Je ne crains pas à dire la tendresse de ma nature si puérile que je ne puis pas bien refuser à mon chien la fête qu'il m'offre hors de saison ou qu'il me demande* » (II, 11).

Il faudrait d'ailleurs pouvoir énumérer la liste fournie des animaux qui nous ont été présentés comme proches de l'homme. Dans *Le Zoo des philosophes,* Armelle Le Bras-Chopard recense en un chapitre ces engouements.

Montaigne reprend, lui, dans les *Essais,* une anecdote qui nous est donnée par Plutarque évoquant l'éléphant amoureux d'une bouquetière, qui caressait délicatement les « *testins* » de la jeune fille avec sa trompe. Aujourd'hui, après un court règne des cétacés, ce sont les primates qui sont à l'honneur. Est-ce une survivance d'anthropocentrisme ?

On recherche dans tous les cas ce qui, en l'animal, annonce ou préfigure la culture humaine, y compris sous ses formes les plus élevées : l'éthique, l'art, le langage, le rite funéraire, etc. Et on bifurque vers l'impasse dans laquelle la philosophie occidentale nous a engagés en voulant « construire » l'animal à partir de l'humain.

Comme si plus on accordait à l'animal, plus on amoindrissait la dignité de l'homme. Un jeu de dupes avec des règles établies par l'homme et pour l'homme.

« *Il y a un certain respect qui nous attache, et un général devoir d'humanité, non aux bêtes seulement qui ont vie et sentiment, mais aux arbres mêmes et aux plantes* » (II, 11, 414).

Diable, voilà apparemment qui complique tout. Apparemment car en fait, en ouvrant au maximum cette responsabilité, Montaigne replace l'homme et l'animal où ils doivent être : ni à une place éminente ni à une place inférieure, mais au cœur de la nature. Le respect est accordé à tout ce qui est sensible puisque la nature est présente dans chacune de ses infinies créations.

« *Nous ne sommes ni au-dessus, ni au-dessous du reste : tout ce qui est sous le Ciel dit le sage, court une loi et fortune pareille. Il y a quelque différence, il y a des ordres et des degrés ; mais c'est sous le visage d'une même nature. Il faut contraindre l'homme et le ranger dans les barrières de cette police* » (II, 12).

Notre orgueil se fourvoie en voulant déchirer l'unité de la nature pour nous placer au-dessus de tout le reste. La recherche de la diversité est un apprentissage de l'unité. Ce faisant, Montaigne affirme une nouvelle fois, avec force, un humanisme non métaphysique, un humanisme du vivant garant de l'unité cosmique. N'est-ce pas, dans les parages de cet humanisme que peut s'approcher – et se comprendre – la catastrophe du XXe siècle ? N'est-ce pas, autrement dit, pour avoir privé de douceur les bêtes que les hommes ont pu, au cours de la modernité, en venir à exclure d'autres hommes des lois d'humanité ? Montaigne avant Adorno ou Isaac B. Singer. Montaigne en sceptique se demandant si la cruauté envers nos frères inférieurs et l'impassibilité envers la souffrance d'autrui ne se répondent pas l'une l'autre comme les deux faces d'une même médaille métaphysique...

A bras-le-corps

Humaniste non métaphysique, Montaigne ne cesse de parler du corps. Du sien et de celui des autres. On a vu dans les récits de voyage combien ce thème était le corps même du texte. Que sont les *Essais*, si ce n'est une succession de prises à bras-le-corps ? Un combat de lutte en trois livres ? Montaigne en lutteur : ses bases d'où doivent partir ses efforts, son poids déraciné, ses efforts mêmes tournés contre lui. Il esquive longtemps la chute, aidé de tous ses souvenirs théoriques, avant de découvrir la joie de sentir sous soi une force résister. La sienne.

Ce corps apparaît tout d'abord dans les *Essais* à travers un discours éthique tributaire de la tradition stoïcienne (« *raidissons-nous* »). Une tradition qui considère le corps comme le lieu où s'exercent les passions déstabilisatrices, où la constance de l'âme est mise à rude épreuve. Le lieu par excellence où l'intellect est mis en échec par la souffrance. « *Comme le corps est plus ferme à la charge en le raidissant, aussi est l'âme [...] La douleur comme des pierres qui prennent couleur ou plus haute ou plus morne selon la ferraille où on les couche [...] ne tient qu'autant de place en nous que nous leur en faisons* » (I, 14).

Dans ce même chapitre, Montaigne souligne la nécessité de maintenir l'âme et l'esprit « *en bonne trempe* » et « *quand bien le corps s'en émouvrait* ». La raideur de l'esprit, imposant le mépris de la douleur, implique le mépris du corps.

Le corps en exil. Exit, le corps ! Etranger dans sa propre maison, il n'est pris en compte que dans la mesure où il risque de perturber le calme de notre belle âme « *seule et souveraine maîtresse de notre condition et conduite* ». Objet de mépris, il est traité en ennemi par le moraliste qui travaille à la séparation et refuse tout commerce avec lui.

Il est urgent de « *déclouer l'âme du corps* », de « *l'embesogner à part* » : c'est encore ce souci de séparer, de distinguer que l'on retrouve dans la première rédaction du chapitre « *Que philosopher c'est apprendre à mourir* », où tout l'effort porte à « *dresser et élever l'âme* », de manière à la rendre « *maîtresse de ses passions et concupiscences* » en imposant sa loi au corps.

Il semble rapidement à Montaigne que, dans ces hauts sommets, l'âme respire mal et multiplie réticences, interrogations, additions dans la marge. Biffures et états d'âme. Ratures et remords. Le héros des *Essais*, c'est un peu l'anti-Platon.

« *Les gens plus sages peuvent se forger un repos tout spirituel, ayant l'âme forte et vigoureuse. Moi qui l'ai commune, il faut que j'aide à me soutenir par les commodités corporelles* » (I, 39).

Loin d'être le tombeau (*sêma*) de l'âme, le corps (*sôma*) est sa demeure nécessaire. En subvertissant le platonisme, Montaigne libère l'humanisme de la Renaissance de la phobie de la chair, cette appréhension dont frémissent encore les évocations botticelliennes. Défaite en rase campagne d'une ascèse dont l'Occidental s'était fait un devoir depuis les stoïciens : lucide envers lui-même, il sait bien que devant la douleur sentie, il ne tient pas. Son corps proteste et les règles du Portique excèdent ses usages et ses forces.

« *Ô que n'ai-je la faculté de ce songeur de Cicéron qui, songeant embrasser une garce, trouva qu'il s'était déchargé de sa pierre entre ses draps ! Les miennes me dégarcent étrangement !* » (II, 37).

Aussi va-t-il s'employer à renverser cette donne en la poussant au bout, jusqu'à son point d'incandescence. On sait que l'idée de séparation conduit au postulat (platonicien ou chrétien) de la supériorité de l'esprit ou de l'âme sur le corps. C'est l'esprit qui règne sur l'attelage. L'âme a « son corps », le corps n'a pas « son âme », il est à l'âme, comme une fidèle servante. Dans *Principe de philosophie*, Descartes engage pour des siècles la pensée occidentale dans cette impasse lorsqu'il estime que « la notion que nous avons de notre âme ou de notre pensée précède celle que nous avons du corps [...] et elle est plus certaine ». Or Montaigne ne conserve pas longtemps une telle illusion.

Il affole la philosophie au contact de l'étrangeté de la chair. Que savons-nous de notre corps ? Que peuvent l'humaine raison et la science dans ce domaine ? La connaissance par un homme de son corps, de tout ce que peut un corps, est-elle seulement de l'ordre du savoir ?

La science ne fabrique au mieux que du vraisemblable et alors qu'elle prétend dire le vrai, elle se refuse à admettre qu'elle ne dit que ce qu'elle croit, faute de pouvoir dire ce qu'elle est, comme la philosophie, elle « *nous présente non pas ce qui est, ou ce qu'elle croit mais ce qu'elle forge ayant plus d'importance et de gentillesse* ». Elle a beau édifier une architecture « énorme », le corps réel – « ce pauvre petit corps de l'homme » évoqué par Walter Benjamin dans *Le Narrateur* – découvre toujours aux observateurs quelque cadence ou quelque « *son* » qui lui échappe.

Les discours que nous produisons sur le corps, Montaigne les prend comme un test, comme une évaluation de l'aptitude de la pensée à s'incarner et à dire vrai sur un sujet qui lui est naturellement proche. Notre gentilhomme philosophe s'en donne à cœur joie et s'ébroue dans la « *mer trouble et vaste des erreurs médicinales* ».

« *Les médecins ne se contentent point d'avoir la maladie en gouvernement, ils rendent la santé malade, pour garder qu'on ne puisse en aucune raison échapper à leur autorité* » (II, 37).

« *La science la plus importante qui soit en notre usage, comme celle qui a la charge de notre conservation et santé, c'est de malheur, la plus incertaine, agitée de plus de changements* » (II, 37).

L'homme n'est pas plus instruit de la connaissance de soi en la partie corporelle que spirituelle. Cette imperfection de la raison et cette infirmité de la science débouchent sur la réévaluation du corps et du savoir qu'il recèle. Non seulement l'excellence de la vie ne doit rien à l'excellence de la doctrine, mais encore le seul accès possible à la vraie connaissance nécessaire et suffisante réside dans l'expérience du corps. « *De quel fruit pouvons-nous estimer avoir été à Varro et Aristote cette intelligence de tant de choses ? Les a-t-elle exemptés des incommodités humaines ?* »

Et Montaigne invente la *gaya scienza*. La volupté et la santé dans leurs saveurs en disent plus que la métaphysique ou la science. Le corps ici n'est plus traité en objet ; son statut particulier commence enfin à être considéré. D'ailleurs, Montaigne renverse une des dernières digues derrière laquelle l'esprit assurait son magister. Nombreux sont les philosophes qui tiennent le corps malade pour un boulet de la pensée. Que devraient-ils dire de l'esprit qui déraisonne ?

« *Les plus graves et ordinaires maux sont ceux que la fantaisie nous charge* » (III, 13).

« *Combien en a rendu malades la seule force de l'imagination ? Nous en voyons ordinairement se faire saigner, purger et médeciner pour guérir de maux qu'ils ne sentent qu'en leurs discours* » (II, 12).

Autolimitation des puissances « de tête » ; il ne s'agit plus de dresser l'esprit contre le corps en sacrifiant à un dualisme erroné – il fallait s'engager dans cette impasse pour frayer une autre voie —, il ne saurait encore moins s'agir de mépriser le corps : ce qui importe est d'accepter sa loi et de mettre l'esprit à l'écoute de son désir. Le regard porté sur le corps est de bienveillance :

« *Si le corps se soulage en se plaignant, qu'il le fasse, si l'agitation lui plaît, qu'il se tourmente et tracasse à sa fantaisie [...]. Nous en avons assez de travail du mal sans nous travailler à ces règles superflues* » (II, 37).

Le corps malade, le corps souffrant, le corps sensible, le corps éprouvé par la douleur ou révélé à lui-même par la volupté, impossible de le tenir à part, de ne pas entendre sa voix, de le traiter en objet séparé du moi. Il faut prendre son corps à bras-le-corps. Il faut apprendre à lutter avec lui. A faire corps avec lui. Pour une vie d'épousailles :

« *Ceux qui veulent séquestrer et déprendre nos deux pièces principales et les séquestrer l'une de l'autre ; ils ont tort. Au rebours, il les faut raccoupler et rejoindre. Il faut ordonner à l'âme non mépriser et abandonner le corps [...] mais de se rallier à lui, de le chérir ; le conseiller, le redresser et ramener quand il fourvoie, l'épouser en somme et lui servir de mari* » (II, 17).

La sérénité du pourceau

« *Quand je danse, je danse ; quand je dors, je dors...* » La phrase de Montaigne est connue. D'où vient ce plaisir à la lire ? D'où vient qu'on se surprenne parfois à la réciter à voix haute ? D'où vient enfin que cette apparente tautologie du sens nous ouvre d'aussi larges horizons ?

« *Quand je danse, je danse.* » Je ne fais que ce que je fais, je le vis pleinement, je suis la danse. Ou, pour la reprendre dans les termes choisis par Montaigne, cet instant, je ne l'« *écume* » pas, je le « *sonde* » et « *plie ma raison à le recueillir* » ; je ne m'y « *cloue* » ni ne m'y « *vautre* », mais je m'y « *applique* », je le « *retâte* », je m'y « *tiens* ». Dans ce moment choisi pour danser ou pour dormir, Montaigne est tout entier disponible et tout entier à soi. « *Quand je me promène solitairement en un beau verger [...] si mes pensées se sont entretenues des occurrences étrangères quelque partie du temps, quelque autre partie je les ramène à la promenade, au verger, à la douceur de cette solitude à soi.* »

Le « quand » ici ne signifie pas « quand a lieu » mais « quand il arrive que... ». Ce « quand » ne prétend surtout pas faire événement, mais découpe et distribue des moments, des situations, auxquels il confère son individualité. Grâce à ce quand, l'éternité peut, en n'importe lequel des « maintenant », faire irruption dans le temps et changer le cœur de l'homme. Etre tout dans l'instant, c'est – en tout cas – apprendre à ne pas se dissiper, ou selon la formule montanienne « vivre à-propos ».

« *Notre grand et glorieux chef-d'œuvre, c'est de vivre à propos. Toutes autres choses, régner, thésauriser, bâtir, n'en sont qu'appendicules et adminicules pour le plus* » (III, 13).

Par l'abondance des superlatifs, l'homme dissipe toute forme de regret quant au caractère éphémère de l'instant. Ce ne sont pas ici le début et la fin qui déterminent, ni le plus ou moins de temps qui nous ment, mais la capacité propre à l'activité du moment ; car chacun de ces instants est un royaume dont nous sommes les souverains.

Ce contre quoi Montaigne s'élève est la distinction, au sens étymologique du terme. Distraire vient du latin *distrahere*, « tirer en sens divers ». C'est faire subir à son Moi le supplice de l'écartèlement concédé à Poltrot de Méré. Se distraire, c'est se trahir. « *Nous ne sommes jamais chez nous, nous sommes toujours au-delà. La crainte, ce désir, l'espérance nous élancent vers l'avenir, et nous dérobent le sentiment et la considération de ce qui est pour nous amuser à ce qui sera, voire quand nous ne serons plus.* »

Nous sommes loin – très loin – de toutes ces pensées, et toutes ces tentations qui, sous couvert d'humanisme, nous poussent à vivre l'instant à la surface du monde et des êtres. Le Moi de Montaigne est un Moi sans divertissement. Personne ne se risquerait pour autant à traiter l'auteur des *Essais* de pisse-vinaigre. Le salaire du zappeur ne lui procure ni joie ni bonheur, mais ces fausses monnaies que sont l'amassement, la distraction, le délassement. Et puisque nous sommes dans l'étymologie, rappelons aussi qu'« amasser » vient de « muser » ce qui, en vieux français du XIIe siècle, signifie « occuper en faisant perdre du temps ». On revient ainsi au point de départ : Montaigne ne perd pas son temps non parce qu'il court après lui – cette illusion de nos « Modernes » —, mais parce qu'il vit l'existence au présent.

Poussé par le passé, aspiré par le futur, contre les rets du souvenir (bien qu'à l'image d'Epicure il aime se remémorer des bons moments de sa vie) et contre l'appréhension de l'anticipation, il se maintient dans le *hic et nunc* de sa liberté intérieure. C'est en ce sens, d'ailleurs, que Montaigne n'est pas *ipso facto* un être moral ; et que sa sagesse n'a rien à voir avec l'éthique. La morale, au sens formel et non social ou religieux, est une réaction à la souffrance des hommes, à la misère, à l'injustice. La sagesse en revanche, concerne une manière de vivre dans le monde tel qu'il est. En soulignant qu'il faut vivre « à-propos », Montaigne ne recommande pas le « bien vivre » ni même le « vivre heureux ». Son conseil n'est d'aucune école, ne se constitue pas en thèse, se refuse à prendre position. Car c'est chose mobile que le temps.

« *Et qui apparaît comme une ombre, avec la matière coulante et fluente toujours (sans jamais demeurer stable ni permanente) [...] Et quant à ces mots : présent, instant, maintenant, par lesquels il me semble que principalement mais soutenons et fonds l'intelligence du temps, la raison le découvrant le détruit sur-le-champ* » (II, 12).

En reconnaissant son impossibilité de penser le temps, Montaigne s'en libère. Il ne se laisse déborder ni par l'espoir ni par le remords. Il ne laisse pas menacer ce moment par l'avenir. Il traverse le temps, mais habite dans l'instant, dans l'« à-propos ». Dans sa pensée sereine, chaque moment, telle chaque phrase ou saison de l'être, advient non par défaut du précédent, mais pour faire valoir sa propre singularité en la renouvelant ; comme tel, il est unique et total en sa qualité, il est tout un paysage pareil aux tableaux du Quattrocento avec leurs perspectives, mais aussi le *sfumato*. C'est pourquoi qui s'ouvre à cette unicité (qui saisit une « occasion » de vivre, n'est plus porté à passer à travers ce paysage, mais peut y trouver un séjour et s'y déployer à son aise.

Transposons un moment cet « à-propos » sur le terrain de la politique. Maire de Bordeaux, Montaigne nous montre comment il peut, selon l'urgence de l'heure, passer des accommodements les plus avenants à l'intransigeance la plus raide. Quand il convient de s'engager, il s'engage ; et quand il convient de se retirer, il se retire ; ce qui le définit par opposition aux hommes de son temps, c'est d'épouser l'opportunité du moment, c'est le sens de l'occasion favorable.

Montaigne est donc disponible, ne se figeant dans aucune position, n'entrant dans aucune catégorie, refusant toute attache partisane, toute étiquette qui constitueraient autant d'abcès de fixations, le privant de sa puissance infinie d'adaptation. Il n'y a d'« à-propos » que si l'on sait accueillir, d'offert que si l'on est ouvert.

Le philosophe François Jullien, dans *Du temps*, souligne

que cette aptitude à embrasser le moment qui se présente à nous est en fait une notion ancienne, l'*eukairia* des Grecs. Mais pour en déplorer aussitôt sa disparition. La notion est trop « ondoyante » pour bâtir un système ; trop variable, trop commune pour les philosophes qui la réduisent souvent au conseil : jouissez et profitez de l'instant, vous savez comme il est fugace. « Cueillez dès aujourd'hui les roses de la vie », nous dit Ronsard. *Tempus fugit.*

Mais encore une fois, pour Montaigne, cette volonté de recueillir ce qui est opportun relève du moment, et du moment seul qui varie, non du temps qui passe. Le premier est source de renouvellement, de refondation ; le second cause de destruction. L'un venant au-devant de nous, de jour et de nuit, inépuisable ; l'autre fuit sans cesse et court vers son anéantissement comme la dynastie des Valois.

Un mot encore sur vivre « à-propos ». Montaigne, à l'enseigne des Anciens, n'attend rien de ce qui serait l'extension, la dilatation du moment dans le temps. La disponibilité « ne s'augmente que par la prolongation de la durée » (*productio e temporis* pour Cicéron) dans le *De finibus* ; en effet, les choses qu'on dit « opportunes » ont leur « mode » c'est-à-dire en premier lieu leur mesure propre. Tout tient donc à ce tempo qu'il faut apprécier en lui-même et qui, à lui seul, est suffisant. Vivre plus longtemps – puisque nous sommes, si l'on en croit la science, portés tous à le souhaiter – n'ajoute rien. Nous pouvons vivre un siècle de plus, nous n'en serons pas plus heureux. Toute vie est « longue », en revanche, dès lors qu'on sait la travailler pour en savourer toutes les « opportunités ».

Montaigne nous révèle que le bonheur est dans l'instant pour peu que nous nous accordions parfaitement avec l'événement. Il n'est même d'autre définition du bonheur que celle d'être une opportunité permanente se renouvelant dans chaque acte. Il y a un monde dans une seconde. Si l'on retourne les termes : chaque instant, dès lors que l'on sait s'accorder à ce qu'il exige de nous, à ce qu'il attend de nous, constitue une occasion favorable. Une situation, jugée négative du point de vue du sort qui nous est fait et de notre condition d'existence n'en est pas moins positive par la connaissance nouvelle que nous en acquérons. Allons-nous l'endurer, nous perfectionner dans l'épreuve, nous découvrir davantage ? Même dans le drame, on voit l'auteur des *Essais* s'efforcer de percevoir les facteurs favorables, ne serait-ce qu'en creux ou de façon purement artificielle, afin d'exploiter la situation. Etre à la hauteur des circonstances pour être l'auteur de sa vie.

Peut-on s'extraire de cette grande prison que la pensée occidentale a construite à partir de la pensée du temps ? Peut-on scier les concepts qui nous retiennent ainsi enfermés ? Pour y répondre, Montaigne a recours au discours commun :

« *Nous sommes de grandes fols : "Il a passé sa vie en oisiveté" , disons-nous, je n'ai rien fait aujourd'hui. Quoi, avez-vous pas vécu ? C'est non seulement la fondamentale, mais la plus illustre de vos occupations [...] Avez-vous su méditer et manier votre vie ? Vous avez fait la plus grande besogne de toutes* » (III, 13).

Ce « je n'ai rien fait aujourd'hui » – est le cri que l'on entend dix fois, cent fois au cours d'une journée. Il nous dit notre angoisse, notre inquiétude devant le temps « passant » sans que « rien », dans ce laps de temps, y fasse suffisamment événement, et qui est donc insuffisamment occupé, dans lequel je n'ai pas assez « existé ».

Il dit le regret d'un temps destiné à passer, d'un temps « perdu ». Or l'interrogation que Montaigne oppose à cette angoisse, en se recentrant sur le vivre : « n'avez-vous pas vécu ? », bouscule d'un coup la perspective. Vivre ne se rapporte à rien d'autre, ne mesure rien, ne se laisse traverser par aucune finalité. Vivre se suffisant à soi-même comme le moment se suffit. La vie ?

« *Je la trouve prisable et commode, voire en son dernier décours* [déclin] *où je la tiens ; et nous l'a nature mise en main, garnie de telles circonstances, et si favorables, que nous n'avons à nous plaindre qu'à nous si elle nous presse et nous échappe inutilement* » (III, 13).

Montaigne rapporte l'anecdote de Pyrrhon qui, lors d'une tempête en mer, enjoignait ses compagnons d'« *imiter la sécurité d'un pourceau qui voyageait avec eux* ». L'ignorance du pourceau est la raison de sa sérénité, tandis que la raison embarrasse le voyageur d'une angoisse inutile qui se traduit par une double perte : celle du temps présent et celle du réel immédiat. Penser, c'est toujours penser ailleurs et autre chose. Il n'y a pas de présent pour la raison. Et la perte du présent entraîne celle du repos. L'incapacité à le vivre provoque une incapacité équivalente à vivre la réalité jusqu'à en perdre le repos.

Ici seule la tempête est réelle. Et pourtant, le marin vit le naufrage.

Que mourir c'est apprendre à vivre

Il y a la guerre, bien sûr, mais il y a surtout la peste. Partout elle menace, dans les provinces, dans une capitale recrue d'immondices, tantôt ralentie, tantôt virulente, elle n'est jamais bien loin. Ce sont les pérégrinations incessantes, les déménagements suite à des rumeurs entraînant les nettoyages à grands seaux, la quête de lieux salubres dans l'impression d'un pourrissement général de l'air qui accompagnerait celui du royaume, de la mort tapie dans un souffle d'air frais, d'un encerclement continu par les fièvres.

« *Je sens la mort qui me pince continuellement la gorge et les reins* » (III, 9).

Dans son existence, Montaigne a avoisiné plusieurs fois la mort, notamment après une grave chute de cheval. Il a accompagné les derniers instants de son ami, Etienne de La Boétie, qui lui ont inspiré un morceau d'art, vécu douloureusement les épidémies de peste, enregistré les décès de ses cinq enfants, vu bon nombre de ses compagnons rouler dans la poussière des combats. La maladie, cette gravelle qui lui fait pisser un sang épais et noir, a beau être accueillie avec un détachement stoïque porté jusqu'à la spontanéité du jeu et de la plaisanterie, elle est l'antichambre de la grande chambre noire. Il est à des lieux du poète Mathurin Régnier qui mourut en rédigeant cette épitaphe :

J'ai vécu sans nul pensement
Me laissant aller doucement
A la bonne loi naturelle
Et je m'étonne fort pourquoi
La mort osa songer à moi,
Qui ne songeais jamais à elle.

Sommes-nous, comme Régnier, si certains de la mort que nous avons fini par ne plus y penser ? Or, nous y pensons. La mort est en nous pensée par excellence, l'objet le plus fréquent de notre pensée. La vérité est que nous avons réussi à la penser et à ne plus y croire. Nous partageons au moins ceci avec les philosophes. Chaque fois que l'on apprend la mort de l'un d'eux, il faut se dire : « Combien de fois, en raison de son métier, cet homme aura médité sur la mort sans y croire ! Et qu'aura-t-il pensé maintenant, à la voir surgir comme une dernière image de sa propre boîte à surprises ? »

L'homme sait qu'il retournera en poussière, et pourtant il ne peut et ne pourra jamais se résoudre à traiter en poussière insignifiante son frère en humanité rendu à la nature sous forme de cadavre. Il est le vivant qui découvre en lui le singulier pouvoir de contredire la fatalité et les apparences naturelles et qui répond au défi de la mort en enterrant ses morts, c'est-à-dire en niant l'évidence par la célébration d'un mystère.

Le plus vénérable des rites s'est prêté à bien des proliférations mythologiques ou théologiques. Il s'est surchargé d'excroissances superstitieuses mais la nécessité d'honorer un mort ou des morts a toujours été revendiquée comme un devoir sacré. Il est significatif que Créon, le roi qui ose interdire l'accomplissement du rite, apparaisse du coup comme le modèle le plus haïssable de la tyrannie. L'humanité se déshumanisera complètement le jour quand elle en vient à considérer la cendre des défunts comme un déchet irrécupérable.

Rien de plus naturel que de mourir ; pourtant, en la soumettant à des rites, les hommes agissent comme si la mort des hommes n'était pas naturelle. Nombreux sont les exégètes qui ont mis en avant le caractère monumental et funéraire des *Essais.* Et il est juste que Montaigne place dans l'avis « *Au lecteur* » l'entreprise d'écrire dans la perspective de la mort et... de sa suite. Toutes les grandes œuvres sont des traites sur l'avenir.

Y penser et en parler toujours Si Montaigne cherche à apprivoiser la mort, comme nous tous, il la redoute. Pourquoi le nier ? L'angoisse devant elle est un sentiment humain fondamental, qui ne se confond nullement avec la peur de la mort, ce n'est que la réaction de l'instinct de vie devant la menace des menaces.

« *Si c'était ennemi qui se pût éviter, je conseillerais d'emprunter les armes de la couardise* » (I, 20).

L'angoisse est suscitée par la prise de conscience d'un défi. Après la mort, les qualités contingentes s'en iront comme elles sont venues, jusqu'à celles qu'on eût cru privilégier comme essentielles, volant au vent sous le fléau comme la balle de blé. Le paysan met le bon grain en sac pour un autre royaume, mais de l'homme qui faisait profession d'être tel, que reste-t-il ?

Comment une personne capable de connaissance et d'amour peut-elle se trouver dans la dépendance absolue d'une mécanique corporelle qui n'est que banalité matérielle ? Comment l'usure ou les défaillances de cette mécanique possèdent-elles l'incroyable pouvoir de transformer en n'importe quoi un être singulier unique et irremplaçable ?

Que, par la mort, l'inférieur l'emporte sur le supérieur ; que la lourdeur opaque du corps ait à la fin inévitablement raison de l'agile transparence de l'esprit, il y a là une injustice manifeste à laquelle nous ne pouvons raisonnablement consentir. Qu'est-ce que le rite mortuaire, si ce n'est une manière de pacifier l'angoisse en laissant entendre que le scandale est conjuré puisque, en dépit de la mort, demeure la meilleure part du mort ?

Pour Montaigne, les représentations de passage, de paradis, d'ascension des âmes libérées ne sauraient être congédiées parce qu'elles illustrent l'immuable modèle auquel se réfère toute éthique : la permanence de ce qui vaut le plus dans l'effacement de ce qui vaut le moins ; l'espèce subsiste, la vie continue, *show must go on* ; l'humanité, semblable ici à la nature progresse par le sacrifice toujours renouvelé des individus ; qu'importe la chute de la feuille lorsque reverdira l'arbre qui vaut mieux que la feuille ? La mort est un acte de l'« *universel ordre des choses* ».

« *Si vous avez pris garde au branle de mes quatre saisons, elles embrassent l'enfance, l'adolescence, la virilité et la vieillesse du monde [...] Il* [le temps] *ne sait aucune finesse que de recommencer* » (I, 20).

On a beaucoup écrit sur les différentes attitudes de Montaigne face à la mort. Dans les premiers essais, on trouve, en effet, tous les artifices stoïciens pour lui faire perdre son aiguillon. Ce ne peut être un très grand mal celui qui met fin à tous les autres maux, disait déjà Sénèque.

On trouve aussi l'idée, plus forte, qu'il faut anticiper l'« *extrême congé* » en faisant comme si chacun de nos jours était le dernier. De la sorte, par la préméditation, j'aurai pris possession de cet instant « *juge de tous les autres* » (I, 19). Je l'aurai rattaché à ma vie. Cette mort sera devenue familière et *in fine*, elle sera bien « *toute mienne* ». Individualiser la mort, mourir de « ma » mort : l'exercice n'est-il pas d'autant plus aisé que celle-ci est déjà présente en nous dès notre naissance ?

Mais Montaigne a aussi le sentiment que cette posture préconisée par les grands Anciens a tout de l'attitude de Gribouille. Vivre sa vie comme une succession de petites morts : n'est-ce pas s'empêcher soi-même de vivre durant la vie par crainte du moment où l'on en serait empêché par la mort ? Dès l'édition de 1588, il note : « *Nous troublons la vie par le soin de la mort, et la mort par le soin de la vie.* » Il n'y a pas plus de vérité première que de vérité dernière.

« *Il m'est avis que c'est bien le bout et non le but de la vie, c'est sa fin, son extrémité, non pourtant son objet. Elle doit être elle-même à soi, sa visée, son dessein* » (III, 12).

Plus Montaigne écrit sur la mort, plus il l'enveloppe dans le linceul des *Essais*, plus il s'en approche. Parallèlement à ces tâtonnements, celle-ci s'avance au fil des essais et des années. Elle multiplie les signes. C'est une étrange danse qui se joue devant nous, une pavane qui nous conduit à embrasser l'ensemble de l'existence, vie et mort confondues, au terme du voyage.

« Les derniers mots qui se lisent dans les *Essais*, écrit Hugo Friedrich, parfont l'accord donné à la vie et à la mort, sans que l'une porte atteinte à l'autre. Car elles ne font qu'un. » L'amour de la vie et de la mort sont réunis. L'humanité, c'est de pouvoir faire cohabiter sous le même moi ces deux adversaires et de les respecter l'un et l'autre. Le plus bel apport de la vie, n'est-ce pas de pouvoir aboutir à une mort authentique ? Le plus bel apport de la mort, n'est-ce pas de pouvoir dire au moment de prendre congé : « Pour moi donc j'aime la vie » ?

Montaigne médite ainsi, quatre cents ans avant Hans Jonas, ce fardeau et la grâce : « être mortel ». La pensée de la mort dans les *Essais* est le meilleur remède aux tentations de l'illimité qui nous submergent.

6

L'ÉTABLI DE L'ORDRE

Eloge du conservatisme

« *C'est la règle des règles et générale loi des lois, que chacun observe celles du lieu où il est* » (I, 23,117).

Horreur ou erreur ? Le précurseur attitré de la philosophie des Lumières qui a inspiré la Révolution française se serait-il laissé aller dans un moment de faiblesse à la tentation conservatrice ? Autant dissiper le malentendu sur ce sujet une fois pour toutes : Montaigne est bien un conservateur entier et sans regret. « *L'excellente et meilleure police* [gouvernement] *est à chaque nation celle sous laquelle elle est maintenue. Sa forme et commodité essentielle dépend de l'usage* » (III, 19, 651).

Encore convient-il de s'interroger sur la nature réelle de ce conservatisme naturel qui a alimenté bien des polémiques entre docteurs en montanisme. De nos jours, conservateur est un mot qui commence mal.

Le scandale a été levé autrefois par Hugo Friedrich dans son *Montaigne*. Un scandale d'autant plus retentissant pour le petit monde universitaire que ce maître de l'école romaniste allemande, élève de Karl Jaspers, faisait du conservatisme de l'auteur des *Essais,* une manifestation typique de l'esprit français.

Sacrilège ! Dans son ouvrage, Friedrich reprenait pour

Montaigne l'analyse développée par Paul Hazard à propos du « cas » Molière : « Il fait comme tout le monde. Novateur en matière de pensée, il restait traditionaliste dans les matières de politique et de gouvernement. Celui qui noterait cette contradiction n'aurait pas tort ; et il aurait tout à fait raison s'il y reconnaissait par surcroît un des traits éternels de notre esprit... Nous sommes les premiers à accepter les idées nouvelles, les derniers à abandonner les idées anciennes. »

Dans son *Montaigne en mouvement*, Jean Starobinski vient à la rescousse. Le conservatisme, dit-il en substance, est l'aboutissement normal du scepticisme et de notre impuissance manifeste à contester ce qui nous est donné : « Montaigne, écrit-il, prône ouvertement la soumission “à ceux qui commandent”. »

Si la théorie est le programme des illusions et des suppositions, la pratique est le terrain des décisions positives. Pour se déduire, celles-ci ne peuvent reposer que sur des faits irréfutables, des fondations solides.

« Le doute mène à la forme », a écrit Paul Valéry. Cette phrase, commentée par Friedrich, donne ses lettres de noblesse au formalisme en politique et permet apparemment de mieux saisir le conservatisme de Montaigne : la théorie ne peut que renoncer à sa prétention à pouvoir décider du juste et de l'injuste ; mais à ce renoncement sceptique s'associe le refus de se révolter contre l'ordre existant. Le doute met en pièces le caractère idéal des règles communément admises, mais en conserve la validité de fait. Il découvre – ce que nous savons tous depuis notre plus tendre enfance – la possibilité de vivre dans des conditions absurdes. Montaigne a profondément scruté l'infirmité de l'Etat, de la société, de la justice. Pourtant, il ne l'affronte ni avec l'idéalisme du révolutionnaire ni avec le nihilisme du désespéré. Son sens des réalités le préserve de tels excès. Le conservatisme est le compagnon classique de tous les sceptiques. Il les conduit, à travers les siècles, à mettre leur vin nouveau dans de vieilles outres

*

Montaigne en conservateur. Pour les beaux esprits, ce paradoxe s'expliquerait très logiquement par le fait que toute la vie d'adulte de notre gentilhomme gascon a été placée sous le signe de la guerre civile. Et il est exact que vivre sous d'âcres résines, brûlant au son d'interminables et monotones massacres ne dispose guère à applaudir aux troubles.

« *Le pis que je trouve en notre état, c'est l'instabilité* » (II, 17).

Montaigne serait donc, bien malgré lui, prisonnier de son époque. Collé à l'événement comme une moule à son rocher. Dommage que l'argument soit inopérant. Toutes ses fonctions, Montaigne les a remplies dans l'esprit d'un homme qui aime l'ordre et l'accommodement, recule devant les aventures et s'en tient fermement à l'état de choses existant, tout défectueux qu'il est. Conseiller au Parlement, maire de Bordeaux, diplomate et intercesseur entre les trois Henri – Valois, Guise et Navarre —, ces trois dogues qui se disputent les lambeaux de la France : il a toujours opté, sans rêver mais sans barguigner, pour l'attitude la plus loyalement royaliste.

La monarchie des Valois est plus un désordre qu'un ordre, à l'inverse du parti des ligueurs et de celui de la Réforme ? Le roi aux nerfs détraqués, au narcissisme exaspéré, à l'esprit à la fois glacial et tourmenté, rôde d'un destin à l'autre (jadis margrave de Pologne, demain empereur d'Occident), en compagnie de guerriers femelles et de mâles emperlousés ?

Par ses excès ridicules, le dernier faux (re) jeton de la Médicis fait vaciller la France dans son ensemble ? Oui, les libelles ont raison, sauf quand ils oublient de mentionner que le même souverain préserve par mille ruses l'essentiel : l'idée d'un retour à la paix dans le royaume. Faut-il compter ici avec un paradoxe ? Non. Montaigne a souvent dit que, dans les affaires politiques, toute maxime est à la fois possible et fausse. C'est que là, « *la diversité des événements humains* » produit des effets d'une violence particulière, et aucun argument ne peut supprimer le fait que tous les Etats sont défectueux parce que les mortels le sont tous. Voilà pourquoi Montaigne voit bien au-delà :

« *Tout ce qui branle ne tombe pas. La contexture d'un si grand corps tient à un clou. Il tient même par son antiquité, comme les vieux bâtiments, auxquels l'âge a dérobé le pied, sans croûte et sans ciment, qui pourtant vivent et se soutiennent en leur propre poids* » (III, 9).

Derrière le corps putride des Valois il y a celui, intangible, de la monarchie, qui mérite d'être préservé.

*

Avec beaucoup d'intelligence, des auteurs ont contesté le conservatisme de Montaigne. Faisons grâce au lecteur de considérations par trop savantes pour aller à l'essentiel des thèses avancées. Montaigne défend la liberté religieuse. Il y aurait là une incompatibilité de taille avec la position conservatrice. L'auteur des *Essais* s'affirme, en effet, dans de nombreux chapitres en faveur de la libre conscience et de la cohabitation des cultes. Soit. Le problème est que l'on court ici le risque de confondre le conservatisme de Montaigne avec les théories des contre-révolutionnaires et, plus largement, avec le refus du progrès tel qu'il s'est déployé durant tout le XIXe siècle. Car être conservateur au XVIe siècle, c'est précisément être du côté de ceux que l'on a justement nommés les « politiques », favorables à la liberté religieuse, et non dans le camp catholique dont les hérauts sont les Guise.

Certes, Montaigne n'a pas de mots assez durs pour fustiger les réformés, surtout quand ces derniers utilisent *De la servitude volontaire* de La Boétie pour en faire une arme tournée contre la monarchie ; mais il brocarde tout autant la démagogie ligueuse, ce populisme de la Contre-Réforme, qui lance à l'assaut de la société de son temps des reîtres de l'Apocalyse. Nous savons, aujourd'hui, à quoi nous en tenir sur les donneurs d'ordre qui défendent, en fait, le chaos.

« *Quiconque propose seulement d'emporter ce qui le mâche, il demeure court, car le bien ne succède pas nécessairement au mal : un autre mal peut lui succéder, et pire, comme il advint aux tueurs de César, qui jetèrent la chose publique à tel point qu'ils eurent à se repentir de s'en être mêlés* » (III, 9).

Quand les deux partis en présence veulent bouleverser l'Etat, le tirer de tout côté pour son bien supposé, la position conservatrice est celle du « juste milieu », nous y reviendrons un peu plus loin. Etre conservateur signifie défendre l'unité du royaume, non celle de croyance, de foi ou de religion. Au contraire, c'est parce qu'il plaide pour cette unité que Montaigne admet la cohabitation de coutumes et de traditions diverses. Et qu'il ne cherche dans les *Essais* ni à contraindre, ni à convaincre. Il respecte alors le monarque et l'ennemi, le frère et le cannibale.

*

Montaigne traque la nouveauté derrière tous ses masques : bouleversement, remuement, branle, mutation, innovation, changement, invention, amendement. Ses déclarations contre son intrusion se retrouvent à toutes les époques des *Essais* et embrassent tous les domaines. En voici des échantillons connus :

« *Et pourtant, selon mon humeur, ès affaires publiques, il n'est aucun mauvais train pourvu qu'il ait de l'âge et de la constance, qui ne vaille mieux que le changement et le remuement* » (II, 17).

« *Je suis dégoûté de la nouvellité quelques visages qu'elle porte, et ai raison, car j'en ai vu des effets très-dommageables* » (I, 23).

« *Le changement quel qu'il soit étonne et blesse. Allez croire que les châtaignes nuisent à un Périgourdin ou à un Lucquois, et le petit lait et le fromage aux gens de la montagne* » (III, 13).

« *En toutes choses, sauf simplement aux mauvaises, la mutation est à craindre : la mutation des saisons, des vents, des vivres, des humeurs* » (I, 43).

Les meilleures institutions meurent, ce qui ne signifie nullement qu'il en faille de mauvaises. Sans s'émouvoir, l'auteur des *Essais* sait que le glissement progressif de toutes choses modifiera tôt ou tard leur état présent ; impossible d'anticiper sur ce que l'avenir apportera. Aussi bien n'apportera-t-il pas mieux mais seulement autre chose.

« *Le monde est inepte à se guérir ; il est si impatient de ce qui le presse* [l'accable] *qu'il ne vise qu'à s'en défaire sans regarder à quel prix* » (III, 9).

Montaigne ne rêve pas d'une perfectibilité du monde. L'ordre existant est bon pour autant qu'il a fait ses preuves, si peu que ce soit, et est devenu une habitude. Ce qui convient à l'Etat, à la société, à la famille, aux mœurs, ne se définit pas par les notions de juste et d'injuste, mais d'ordre et de désordre. Et l'ordre, en l'occurrence, n'a pas d'autre rôle que d'être une règle du jeu, un expédient – dans une existence où tout s'est révélé expédient —, une contingence organisée. Indifférente aux valeurs, c'est cette dernière qui conserve la vie.

« *Je me laisse volontiers aller à l'ordre public du monde* » (II, 17).

Il faut s'en tenir aux maux que l'on connaît, avec lesquels on s'est familiarisé plutôt que d'aller au-devant de maux imprévisibles et donc nécessairement pires. Evoquant les guerres de Religion, Guillaume du Vair, érudit catholique modéré qui servit beaucoup de médiateur dans les phases finales du conflit, note dans son traité *De la Constance* : « La chose publique s'est perdue plus par les remèdes dont elle a été pansée que par son propre mal ».

Il n'y a pas de vérité absolue, et la seule vérité accessible en ce domaine est contenue entière dans l'état d'équilibre stable. Dès qu'il prend à l'homme la fantaisie de vouloir régenter le cours naturel des événements, de juger par eux-mêmes au lieu de s'en tenir à la coutume, tout va plus mal, et de mal en pis. Montaigne est persuadé qu'aucun programme de changement politique ne peut jamais être couronné de succès car la difficulté d'amender notre condition, le risque de la réduire en miettes sont si grands qu'il n'y a dans le domaine public aucun mal, pourvu qu'il soit ancien et établi, qui ne vaille mieux qu'un changement violent. Il le dira même un peu plus tard mais on ne peut plus nettement :

« *On peut désirer d'autres magistrats, mais il faut, ce nonobstant obéir à ceux ici. Et à l'aventure il y a plus de recommandation d'obéir aux mauvais qu'aux bons* » (III, 9).

Le scepticisme ne suffit pas à comprendre le conservatisme de Montaigne si l'on oublie d'évoquer les lectures stoïciennes de l'auteur des *Essais*. Dans *Les Fondements de la pensée politique moderne*, une somme intellectuelle qui n'a été traduite en français que tardivement, le philosophe Quentin Skinner revisite notamment l'œuvre de Juste Lipse, « prince de la République des lettres latines ». Selon Marc Fumaroli, ce catholique de naissance cabota de la foi romaine à la luthérienne, de la luthérienne à la calviniste avant de revenir dans le giron de la Papauté.

Montaigne devait saluer en Lipse l'homme le plus érudit de son temps. Celui-ci lut et annota les *Essais* – une nouvelle preuve qu'en dépit des guerres, des épidémies, des hasards de la route, les idées circulaient plus vite hier qu'elles ne circulent, aujourd'hui, à l'heure du numérique.

Lipse publia *Six Livres de la politique* en 1589 aux Pays-Bas. « C'est l'un des très rares ouvrages contemporains cités avec éloge par Montaigne », souligne Skinner. Qu'y apprend-on ? La recommandation de rester ferme face aux variations de la Fortune qui abaissent les royaumes comme les personnes privées. Aux Pays-Bas, les tulipes sont alors gorgées de sang. Ce pays est à l'image de la France : dévasté par les luttes intestines qui se drapent dans les idées nobles.

L'unique voie pour affronter ce que Lipse nomme cet « océan de calamités » réside dans l'endurcissement stoïque. Il faut rester zen face à l'adversité. On le voit, pas besoin d'aller retrouver les déités orientales pour bénéficier de ce conseil.

Montaigne s'inscrit dans cette tradition, sans dogmatisme mais avec conviction. Il reconnaît volontiers qu'il convient de s'efforcer à la « *résolution et* [à] *la constance* » pour supporter les troubles calmement et agir avec patience. Cette perspective comporte un ensemble de conséquences, entre autres, l'idée que chacun tolère le gouvernement en place et l'endure, à mesure de force d'âme. Tant que ce dernier, bien entendu, n'empiète pas sur la dignité de la personne.

L'ordre existant est sorti lui aussi de la volonté humaine – ce qui veut dire de l'arbitraire et de l'insuffisance –, mais il a l'avantage du chemin bien frayé que l'on peut suivre un temps à travers le maquis, tout en restant à l'affût. La preuve, si la « nouvellité » politique ou religieuse rebute Montaigne, le « nouveau » peut prendre parfois un visage avenant quand il parle de l'éducation des enfants, du Nouveau Monde ou, durant son voyage, des hommes, des livres, des mets « *d'une fraîche nouvelleté* » (I, 9). Dans *Montaigne, la manière et la matière*, Géralde Nakam écrit fort justement : « La coutume et la nouveauté ont chacune deux visages, et chacune peut prendre le visage maudit de la tyrannie. Elles peuvent échanger leur beauté de vie et de liberté ou leur masque de mort. Montaigne ne redoute et ne déteste que le viol du réel. » Défendre l'ordre du réel, c'est précisément ce que devrait défendre tout vrai conservateur et tout homme modeste « car c'est mettre ses opinions à bien haut prix que de renverser la paix publique ».

A l'inverse des clercs de son temps, d'un Machiavel, d'un Guichardin, d'un Gracian, Montaigne ne se veut pas conseiller du prince. Il le pourrait. Il en a l'étoffe et l'entregent. Il donne parfois son avis, se montre tout à la fois respectueux et ironique, ce qui est un autre trait de caractère du conservateur. Il s'arrête là. Toujours prêt, pour le bien public, il garde en même temps une certaine distance.

« *Les princes me donnent beaucoup s'ils ne m'ôtent rien, et me font assez de bien quand ils ne me font pas de mal ; c'est tout ce que j'en demande* » (III, 9).

De la politique

Vain projet, semble-t-il, que d'aller parler de politique à ce gentilhomme retiré loin des embarras de Bordeaux et des tracas du monde, qui vit comme un rat parmi ses livres, sous des solives enrichies de préceptes antiques et de gousses d'ail. « Quel homme faut-il être pour avoir le droit d'introduire ses doigts dans les rayons de la roue de l'histoire ? » demande Max Weber.

Et pourtant, le bien public emplit l'œuvre de Montaigne. En dehors du neuvième chapitre du livre III où se déploie sa pensée définitive – s'il eut jamais une pensée définitive –, les affaires humaines occupent le livre I, et notamment les chapitres « *De la coutume et de ne changer aisément une loi reçue* », ainsi que le livre II, dans l'admirable chapitre « *De la présomption* », en fait sa confession générale. C'est qu'aussi bien, s'il fuit le monde, Montaigne déserte la politique et les périls qu'elle faisait alors courir à tous. Or, il n'est rien à quoi l'on pense davantage qu'à ce que l'on fuit. Son appréhension devient hantise, obsession. Et puis, quand il prend quelque ouvrage, cet ouvrage lui parle encore de politique ; voici Plutarque, voici Tacite, voici Cicéron, voici Platon et Sénèque, lui-même, qui lui racontent une histoire semblable à la sienne.

Quand il veut écrire, c'est encore sur le terreau de cet « espace d'apparence » – la politique – que croissent les *Essais* : étude de l'homme, qui est un animal politique, étude de Montaigne qui est un sujet du roi et un soldat... Enfin, ce gentilhomme qui file en vain à l'étranger, en Suisse, en Allemagne, en Italie, finit par être rattrapé au moment même où il se croit à l'abri et par être ramené par le col jusqu'en Aquitaine.

Quelle explosion d'écrits politiques, en ce XVIe siècle ! On se battait à coups d'Aristote et de Platon, de Sénèque et de Flavius Josèphe. Le Roy commentait ce dernier et Montaigne avait lu ces commentaires ; Bodin édifiait une politique et Montaigne estimait Bodin. Guichardin publiait et Montaigne le lisait.

Tous nos maux sortent de deux vices qui sont en faveur et auxquels on échappe à grand-peine – deux vices contraires l'un à l'autre, et auxquels il est malaisé d'échapper. Tous les hommes de cette époque sont atteints ou de duplicité ou de fanatisme. Celui-ci est l'attachement exclusif, sanguinaire à un parti ; celle-là consiste à servir deux maître à la fois, en les trahissant tous deux. Entre ces extrêmes, Montaigne se tient avec passion. Il faut savoir « couler en eau trouble » et se rappeler qu'en politique, bien souvent, comme l'écrira Nietzsche, « nos idées ne sont que les ombres de nos sentiments ».

Aussi Montaigne est-il jugé sévèrement par un Michelet qui trouve aux *Essais* « un certain goût nauséabond, comme d'une chambre de malade... L'air me manque. Hélas ! où est mon ami le bon Pantagruel ? ». L'historien républicain a l'air fin. On sait, depuis, que Montaigne n'est jamais resté bien longtemps dans sa chambre. Notre philosophe a couru les routes, au risque d'ailleurs d'égarer définitivement les *Essais* (les Ligueurs s'en empareront). Il a apporté partout où il le pouvait ses bons offices, son sens de la diplomatie, une langue commune à tous les hommes.

Certes, lors des états généraux il ne s'est pas fait peindre devant Blois, théâtre de l'assassinat d'Henri de Guise. La politique n'a pas besoin de boute-feux intellectuels, de ces hommes qui font des omelettes historiques en cassant des *eux*. Qu'est-ce qui nous fait croire que la sérénité dans les affaires publiques est plus dégradante que l'emportement ? Vive les plates passions quand elles sont publiques, les opinions prudentes, les rhétoriques en rodage ! Le danger est dans la tentation de l'illimité. « Nourrir des desseins à long terme, souligne Marcel Conche dans son *Montaigne ou la conscience heureuse*, c'est ne pas savoir où l'on va, jouer avec le bonheur des autres. » Une mise en garde qui prend d'autant plus de relief qu'elle provient d'un philosophe passé par le communisme le plus orthodoxe.

Ce qui était vrai du temps de Montaigne l'est tout autant aujourd'hui : il faut agir par volontés de détail, de proche en proche, presque au jour le jour. La politique redevient ce qu'elle n'aurait jamais dû cesser d'être : une tâche sans lustre – mais utile – de raccordement, de conciliation, de replâtrage, « *pour une administration probe, huilée, conservatrice, enfin – et tout au plus – pour une politique de clocher* », d'autres diront une politique de proximité.

Si Montaigne n'entre pas en désespoir devant l'état général du royaume, c'est qu'il lui semble « *voir des routes à nous sauver* » ; c'est qu'il croit que « *nous ne sommes pas par aventure à notre dernière période* » ; c'est qu'il espère qu'il en sera de la France « *comme de ces corps qui se remettent en meilleur état par longues et grièves maladies* ».

C'est enfin que, si son œuvre nous explique une des crises les plus terribles de notre histoire, elle est un appel au plus politique de nos rois, Henri IV et « *sans y vouloir pêcher* ». Point de fanatisme et point de duplicité – c'est ainsi que je traduirais : « *couler en eau trouble* » et « *sans vouloir y pêcher* ». Et nous l'approuverions sans réserve s'il ne fallait souvent traduire d'autre façon, si l'on ne devait dire, au lieu de « *point de duplicité* » : incapacité foncière aux affaires et à l'action ; au lieu de « *point de fanatisme* » : égoïsme foncier, désintérêt pour les affaires publiques. Mais avant de l'entreprendre sur ses « *vices* », voyons comment Montaigne a entendu combattre ceux de son siècle.

S'agissant du fanatisme, il juge que les désaccords proviennent de ce qu'Alain Finkielkraut nomme aujourd'hui l'« hypnose du chiffre deux ». Tout le malaise au XVIe siècle, comme actuellement, est l'incapacité, en effet, de nos hiérarques à compter jusqu'à trois. Cette façon qu'ils ont de sauter par-dessus la pluralité en réduisant chaque situation, chaque conflit à l'affrontement de deux volontés. Ce ressentiment dont ils poursuivent, à notre âge postscolaire, toute forme de complexité. Ce rêve qu'ils nourrissent d'un monde délivré du « tiers », c'est-à-dire, selon Levinas, de ce qui « éveille au souci de la justice » : « *J'accuse merveilleusement cette vicieuse façon d'opiner : il est de la Ligue, car il admire la grâce de M. de Guise ; l'activité du roi de Navarre l'étonne, il est séditieux...* »

Aussi quel éclectisme parmi les admirations de Montaigne ! Au chapitre « *De la présomption* », il cite parmi ceux qu'il apprécie entre tous le duc François de Guise, père d'Henri le Balafré, le maréchal Strozzi, les chanceliers Olivier et L'Hôpital, le protestant Lanne. Encore faudrait-il ajouter à cette liste des noms qui irait d'Henri de Navarre à Catherine de Médicis en passant par Amyot. Cet éclectisme pourrait glisser vers l'indifférence, mais tel n'est pas le cas. Montaigne aime les politiques et ne craint pas de se livrer à quelques exercices d'admiration. Il goûte la politique. Il la conçoit simplement comme un engagement dépassionné. C'est cette distance dont il fait profession devant les Messieurs de Bordeaux dès son arrivée, pour les dissuader de le juger d'après son père qui s'est donné entièrement au bien public. Il déplore que ce dernier ait cru « *qu'il se fallait oublier pour le prochain* ».

Se préserver, sans fuir, du bruit et de la fureur en ces temps calamiteux entre tous. Il faut encore une fois rappeler que depuis ses quinze ans jusqu'à l'âge de cinquante-neuf ans où il mourut, Montaigne vécut huit guerres civiles et vit sombrer son siècle et sa jeunesse dans une barbarie sans exemple et qu'on put croire sans remède.

Du coup, « Ne permet-il pas tout ? N'excuse-t-il pas tout ? Laisse-t-il à ceux qu'il pénètre de son esprit une seule raison de dire Non à qui que ce soit ? » s'interrogeait dans le portrait qu'il fit de lui le protestant Guillaume Guizot qui, fort de cette découverte, galopa à son encontre avec la fougue de saint Paul après Damas. Même ceux qui reconnaissent chez notre contemporain un certain nombre de jugements critiques sur la société de son temps estiment que ces appréciations sont « accidentales » pour reprendre le mot de Villey, issues plus d'un tempérament que d'une philosophie cohérente et ne débouchant sur aucune théorie de la société telle qu'elle devrait être. Or, c'est justement là la force de Montaigne. « *Ce n'est pas un léger plaisir de se sentir préservé de la contagion d'un siècle si gâté* » (III, 2).

La politique est une activité extrêmement importante. Sans doute la première d'entre toutes. Montaigne ne conseillerait jamais une posture apolitique mais bien, en dernier ressort, le mépris de la mauvaise politique que pratiquent les profiteurs et les arrivistes. Il se risque simplement à nous conseiller d'en faire à visage découvert ; dans le pire des cas sous le masque politique et non sous couvert d'autre chose, par exemple : de littérature, de philosophie, de religion. Car autrement, nous contribuerions à dégrader de nobles activités telles que la politique et à troubler la politique de telle sorte que nous ne puissions jamais nous entendre. Encore une fois, l'essentiel est de n'apporter à la politique que ce qu'on peut lui donner. L'homme est taillé pour une autre aventure. Une exigence décidée par des siècles de philosophie mal employée arrache la personne à sa tranquillité privée pour la jeter dans de vains combats où nul ne peut se permettre de songer sereinement à soi. Or la vie de chacun appartient, avant tout, à chacun : « *Nous nous devons en partie à la société, mais en la meilleure partie à nous* » (II, 18).

Du juste milieu

Poussé de choisir entre le pape et Luther, Erasme disait déjà : « Il ne navigue pas mal celui qui passe à égale distance de deux maux différents. » Montaigne parle du « *plus juste parti* » (III, 9), du « *plus sain des partis* » (III, 10). Expression qui désigne les politiques, les partisans du juste milieu. Mais quelle sorte de pensée politique se trouve contenue dans cette notion qui n'évoque au premier abord qu'une géographie approximative de l'entre-deux ou une abstraite géométrie d'équidistance à l'égard des extrêmes ?

Si seulement ce « juste milieu » existe véritablement dans le domaine public, comme doctrine ou comme pratique, car à la manière du centre dans l'anticosmologie pascalienne, il pourrait bien être partout ou nulle part... Le problème du « juste milieu », à l'image de l'homme, est donc sa difficulté d'être.

Qu'un homme du juste milieu se trouve, par inattention ou par laxisme des vigilants, introduit dans les hauts débats des politologues et des doctrinaires qui jouent souvent un seul et même personnage, et que, pour se justifier d'exister, cet inopportun ose avancer que l'opposition entre la Réforme et la Ligue, entre la gauche et la droite, est périmée et artificielle, et qu'il convient de s'établir ailleurs pour voir les choses comme elles sont et comme elles sont devenues – le maladroit s'entendra inévitablement rétorquer que le langage qu'il vient de tenir est un aveu et trahit un affaiblissement de la politique et partant un complot contre la démocratie.

Le très montaignien juste milieu a donc le défaut, en effet majeur, de ne pas être. Il souffre, en outre, d'une autre disgrâce, peut-être plus grave encore, qui est de trop exister. Et dans l'ordre à la fois de la pensée et de l'action politique. Car, si une opposition au régime peut être liguarde ou réformée, tout pouvoir, même révolutionnaire, ne saurait gouverner qu'au centre.

Centristes, Robespierre et les jacobins du Comité de salut public qui poussèrent à l'échafaud sur leur droite les dantonistes et les indulgents, sur leur gauche les hébertistes et les enragés. Exemple extrême, mais qui vaut pour tous les gouvernements, que les circonstances soient dramatiques ou paisibles.

Lorsqu'en 1581 Montaigne fut élu maire de Bordeaux, il y trouva le maréchal de Matignon, lieutenant général, qu'il connaissait bien pour avoir, un an plus tôt, combattu avec lui à La Fère. Matignon, obligé de Catherine de Médicis, peu favorable à Michel de l'Hospital, bon catholique, ce qui ne signifiait pas qu'il portât les Guise dans son cœur...

La vérité est qu'en politique où les valeurs sont à droite ou à gauche, chez les réformés ou à la Ligue, quitte à circuler sans vergogne de l'une à l'autre, il n'existe pour le centre aucun lieu assignable. Et cependant, c'est l'inévitable dialectique de la droite et de la gauche, des guisards et des calvinistes qui est la chance toujours renouvelée des hommes du juste milieu.

On les dit insensibles aux grands enjeux, indifférents aux grandes fresques historiques, aux lendemains radieux et aux âges d'or ? Mais il n'y a pas de société, pas d'organisation sociale ou politique qui ne comporte, au moins virtuellement une droite ou une gauche, pas de pacte politique qui ne risque de pourrir ou de durcir s'il s'abandonne à la seule logique de l'une des deux tendances. Pareillement, il n'est pas de doctrine politique qui, si elle n'est pas pensée dans l'équilibre agile et fragile de ses valeurs, ne compromette ce qu'elle contient de vérité, en cédant à quelque vertige, soit réformé, lorsque par exemple l'idée de liberté glisse à la licence de l'autorité, soit ligueur, lorsque la « catholicité » tourne à un propos de maîtrise intégrale de l'existence.

Centre introuvable, ondoyant juste milieu. En un sens, il n'y a indéfiniment multiples et variés que les rangs des réformés (Bourbon, Coligny, d'Aubigné...) et des ligueurs (Guise, Mayenne, le Parlement de Paris). Et la gauche n'est jamais plus nécessaire que lorsqu'elle est la gauche de la droite. Et la droite n'est jamais indispensable que lorsqu'elle est la droite de la gauche. C'est cela le juste milieu. Non pas un carrefour de confort où se rejoindraient piteusement la médiocrité et la tiédeur. Mais le promontoire le plus exposé, comme voulait le faire entendre Erasme qui se disait « guelfe pour les gibelins » et « gibelin pour les guelfes ». Où il faut faire front de tous côtés à la fois contre les démesures et les intolérances qui tant se haïssent et tant se ressemblent. Qu'on ne dise plus qu'il n'y a de passion que dans les extrêmes. Car il pourrait se trouver contre eux et donc au juste milieu moins une habileté à concilier qu'un désir de réconcilier, calomnié par les fanatiques mais plus honorable qu'ils ne le disent parce qu'il ne va jamais sans quelque reflet de la passion pour l'« humaine condition ».

« *Il n'est guère fin que de tailler son obligation à la raison* [à la mesure] *d'un autre être que le sien* » (III, 9).

Placer son idéal trop haut serait comme s'ordonner d'être en faute. La nature de l'homme n'est pas mauvaise, elle est pitoyable et honnête, capable de bégninité et de justice, très propre à la société. Dieu lui a octroyé une vie douce et plaisante, parfaitement acceptable jusque dans la maladie et la mort, ce « *quart d'heure sans conséquence* ».

A condition de ne jamais aliéner la liberté de jugement, de ne céder à aucune intimidation, et de festoyer la vérité partout où elle se trouve. En conséquence, de ne jamais mentir à soi-même. A ce prix, renonçant à tout dogmatisme et à toute métaphysique, refusant toute servitude et toute ambition, l'homme du juste milieu peut vivre « *une vie simplement excusable* ».

Du peuple

« *Il est besoin que le peuple ignore beaucoup de choses vraies et en croie beaucoup de fausses* » (II, 12).

« *Toutes actions publiques sont sujettes à incertaines et dangereuses interprétations, car trop de têtes en jugent* » (III, 10).

Voilà qui aggrave un peu plus le cas de notre philosophe. Quoi ? « Ceux » d'en bas ne se trouvent pas, à ses yeux, parés de toutes les vertus ? Faut-il croire que Montaigne a cédé en son temps aux sirènes d'un élitisme qui ne serait que la marque classique de l'anobli récent, soucieux de maintenir des privilèges chèrement acquis par son père ? « *Pour le profit des hommes, il est souvent besoin de les piper* [tromper] » (II, 12).

Si Montaigne est sans illusion excessive sur la qualité des princes qui nous gouvernent,

« *Le plus âpre et le plus difficile métier du monde, à mon gré, c'est faire dignement le Roi* » (III, 7).

S'il est conscient des devoirs et des faiblesses des élites de son pays, il se garde bien d'élever un autel au peuple. La cruauté, la barbarie, le fanatisme, la folie qui constituent l'attelage du char sanglant des guerres de Religion sont « *conduits* » par un aurige borgne : le peuple. C'est le peuple qui, dans les campagnes, égorge les lansquenets déserteurs par petits paquets, rançonne les paysans, détrousse les pestiférés. Avec la Saint-Barthélemy, il s'est invité au grand banquet de l'Histoire et il en est encore tout enivré.

Nul n'est besoin de théoriser sur le populisme. Il vaut mieux rouvrir, ce qui est plus digeste, les *Chroniques du règne de Charles IX* de Prosper Mérimée ou même le *Pardaillan* de Zevaco que l'enfant Sartre lisait dévotement. Les politiques, partisans des institutions traditionnelles, tous amis de Montaigne, sont les plus suspects à la foule parisienne, enflammée par les curés propagandistes de la Ligue et les apparitions d'Henri de Guise. Ils doivent fuir la ville avant d'être mis en pièces. Un comité secret, les Dix, établit chaque jour une liste de suspects classés selon trois sigles, PDC : pendu, dagué, chassé. Le peuple « confond sa misère avec la religion », analyse Géralde Nakam dans *Montaigne et son temps*. Il voit le Balafré, porte-parole des « manants », comme « le sauveur, le César, le dictateur providentiel ». Et, bien entendu, de ce chaudron de sorcière surgissent inscriptions, insultes antisémites.

Et puisque nous évoquons les fresques historiques, rappelons qu'il y a peu, le cinéaste Eric Rohmer sortait un film *L'Anglaise et le duc*. Horreur ! Le peuple de Paris n'était pas présenté comme une assemblée de citoyens débonnaires et responsables mais comme une meute de loups. Il n'en fallut pas davantage pour que certains maîtres censeurs nourrissent l'idée de guillotiner Rohmer. Pourtant, contrairement à ce qui fut écrit à ce moment-là, l'idée que la Révolution française est intrinsèquement perverse, et contient en elle le mal, n'est pas une idée « révisionniste ».

Dans son *Essai sur la Révolution*, Hannah Arendt s'est interrogée longuement sur les destins contrariés de la Révolution française et de la révolution américaine et comment la première a abandonné en cours de route la restauration de la liberté pour l'instauration du droit des sans-culottes.

Ce dernier point est essentiel, car il permet précisément de différencier le peuple des citoyens de ce qu'Arendt appelait *the mob,* la populace. Dans le même sens, elle reviendra plus tard, dans *Crise de la culture*, sur la différence entre la culture populaire et la culture de masse.

Car ce n'est pas le peuple que l'on voit dans le film de Rohmer, dans les *Essais* de Montaigne, tout comme dans les meetings des leaders populistes en Europe mais bien la populace qui est en effet, par définition, épouvantable, laide, veule, vulgaire et sanguinaire. Cette populace qui au XVIe siècle s'affaire dans les rues de Paris pour marquer d'une croix blanche les portes des protestants à égorger durant leur sommeil. Cette même populace qui s'éveille durant la Commune et qu'on retrouve des décennies plus tard aux grandes manifs de Jacques Doriot, tout extasiée de voir le tribun de la collaboration non pas tomber mais tremper sa chemise.

N'est-ce pas, au contraire, avoir une singulière vision du peuple que de réduire ce dernier à la populace ? Et est-ce sur cette base que l'on construit une démocratie de citoyens ? Il ne suffit pas de boire une mousse au bord du comptoir, de manger des plats du terroir et de pester contre « ceux d'en haut » pour être un héraut de l'antimondialisation ou un pourfendeur de la pensée unique. Il ne suffit pas de sauter sur son siège et de clamer « Le peuple ! Le peuple ! » pour dissiper ce malentendu. Quand Bernanos, dans *Le lendemain, c'est vous*, appelle à la résistance le peuple confiné dans les caves de la Maison France par des siècles de désordre établi, il ne veut sûrement pas enrôler les tricoteuses de la Révolution ou les égorgeurs d'huguenots.

C'est avec raison que Socrate conseillait déjà à Alcibiade de ne pas être un amant de la foule ; sort qu'avaient de nombreux démagogues à Athènes. « Le peuple a un beau masque, lui dit-il. C'est quand il l'a ôté qu'il faut le regarder. »

La Révolution française, ce n'est pas l'irruption des peuples français dans leur histoire nationale, comme l'ont expliqué ceux qui voulaient la tête d'Eric Rohmer. C'est, au contraire, le moment tragique où le peuple est emporté par le « torrent révolutionnaire » (selon le mot même des conventionnels) et écrasé par la meule de l'Histoire. « *Weltgeschichte ist Weltgericht* (L'histoire du monde est le tribunal du monde) », dira Hegel, méditant sur cette Révolution qui fit descendre l'absolu dans la rue.

Curieux que les thuriféraires du volontarisme en politique se retrouvent ainsi en porte-à-faux avec eux-mêmes en défendant ce qui fut, d'abord, une mise au pas de la volonté individuelle. Curieux que ceux qui célèbrent l'aptitude du citoyen à refuser les logiques économiques puissent entonner le refrain d'une histoire sans sujet. Au fond, derrière le procès fait à *L'Anglaise et le duc*, derrière l'antienne de la faute aux élites, il y a bien le refus de penser philosophiquement la Terreur.

Alors, oui, révisionniste Hippolyte Taine quand il publie *Les Origines de la France contemporaine* ; révisionniste, Gustave Le Bon et sa *Psychologie des foules* ; révisionniste Augustin Cochin ; révisionniste Zola, quand il met en scène dans *Germinal* le meurtre d'un épicier par la populace ; révisionniste, Abel Gance avec son *Napoléon*. Révisionniste, Montaigne décrivant le peuple comme un fauve qu'il est dangereux de caresser. Et plus près de nous, révisionniste Raymond Aron qui, dès juin 1939, au grand désespoir de Victor Basch, devant l'auditoire de la Société française de philosophie, souligne les affinités électives entre le totalitarisme et la Terreur.

On comprend que les thuriféraires de cette dernière aient songé à guillotiner Eric Rohmer. Leurs ancêtres pensaient que la République n'avait pas besoin de savants. Eux pensent, aujourd'hui, qu'elle n'a pas besoin d'artistes.

Il faut se garder des juges

« *Considérez la force de cette justice qui nous régit : c'est un vrai témoignage de l'humaine imbécillité, tant il y a de contradictions et d'erreurs* » (III, 13).

Si la justice marche mal, c'est qu'elle est boiteuse. De cette constatation, on a déduit un bouquet de lieux communs. Mais on a fini par oublier un élément qui touche à l'essence même de la justice telle que nous la comprenons. Si celle-ci est boiteuse, c'est d'abord et avant tout parce qu'elle s'efforce de remplir simultanément deux fonctions qui l'embarrassent l'une et l'autre. D'où cette perpétuelle claudication.

D'une part la justice remplit une fonction de défense de la société dans tous les temps et sous tous les régimes. Fonction qu'aucune révolution politique n'a jamais pu abolir, la renforçant au contraire dès le lendemain de sa victoire : ainsi les atteintes à la propriété, d'autant plus sacrée que de privée elle est devenue collective, sont particulièrement graves dans une société qui se défend en défendant le principe qui la fonde et la justifie.

La justice a aussi une autre fonction qui la met au service de l'homme et de ses droits, qu'aucune raison d'Etat ou de sécurité publique ne saurait raturer. Par référence à cette justice ont été formulées quelques maximes singulièrement oubliées ces derniers temps par exemple : que tout prévenu est présumé innocent aussi longtemps qu'il n'a pas été jugé et condamné ; qu'il vaut mieux, lorsque les preuves sont incertaines, un coupable impuni qu'un innocent injustement châtié ; ou enfin que les peines doivent être non seulement dissuasives mais aussi éducatives.

Il s'agit moins de deux fonctions d'une même justice que de deux justices différentes qui ne sont pas situées au même niveau, dont la première est déjà établie et dont l'autre apparaît sous forme d'exigence à établir, qui entreprennent sans cesse l'une sur l'autre, et qu'il importe de composer approximativement l'une avec l'autre pour que leur inévitable tension n'aille pas jusqu'au drame et n'engendre pas ces crimes qui font les affaires Dreyfus et qui tournent à la confusion du principe.

« *Qu'est-il plus farouche que de voir une nation où [...] les jugements soient payés à purs deniers comptants, et où légitimement la justice soit refusée à qui n'a de quoi la payer ?* » (I, 23).

Chacune des deux justices a sa philosophie propre. La première ne connaît que des actes délictueux ou criminels, et sa pente est de solidariser l'être avec son acte, le vol ou le meurtre vouant le coupable à une identité définitive de voleur ou de meurtrier ; tandis que la seconde, en se refusant à confondre l'être avec son acte, parce qu'il n'est pas au pouvoir d'un homme de se déshumaniser complètement, laissera ouvert un espoir de rachat, même pour ceux que la société aurait tendance à considérer comme irrécupérables. Comme on le sait,

« *Il y a autant de liberté et d'étendue à l'interprétation des lois qu'à leur façon* » (III, 13).

Il ne faut jamais oublier que Montaigne fut magistrat à la cour de Périgueux puis au parlement de Bordeaux pendant dix-sept ans (1554-1571). Il parle donc ici en connaisseur. Il sait ce que sont ces mises à l'épreuve, ces circonstances atténuantes qui sont autant de paris pour l'homme, mais aussi de dangers pour la société. Le propre de la justice « humaine » est de s'évertuer inlassablement à purifier la justice « sociale » d'un certain nombre de réflexes et de pesanteurs qu'on ne peut jamais éliminer complètement.

Si bien qu'ordinairement il n'est pas de sentence rendue par les tribunaux des hommes qui ne soit un compromis approximatif où entrent les requêtes de l'une ou de l'autre justice. L'équilibre est rendu d'autant plus difficile que les lois constituent un véritable maquis « *Nous avons en France plus de lois que tout le reste du monde ensemble* », (III, 13) et que les juges cèdent trop souvent à la passion : « *Plût à*

Dieu que pour le bien de notre justice, ces compagnies là se trouvassent aussi bien fournies d'entendement et de conscience, comme elles sont encore de science. » Dire que nous sommes revenus par petites touches à une réaction judiciaire, à une magistrature d'Ancien Régime peut paraître exagéré. Ecoutons cependant le conseil de Montaigne :

« *Il faut se garder, qui peut, de tomber entre les mains d'un juge, victorieux et armé* » (I, 15).

7

JOUIR LE MONDE

Le Christ-moi

Le non-sens serait-il la chose du monde la mieux partagée ? L'homme est bien insensé. « *Il ne saurait forger un ciron et forge des dieux à la douzaine* » (II, 12). La grande erreur que les peuples ne pardonnent pas toujours est d'introduire de nouveaux dieux. Que faire des anciens ? Où les mettre ? On conçoit fort bien qu'il n'est pas de nouveauté entraînant de plus terribles conséquences. Les hommes ont toujours compris que tout continue à peu près en l'état sans changement de dieux et que tout change de façon plus ou moins catastrophique lorsque les déités se renouvellent. C'est bien avec cette radicalité absolue que doit compter Montaigne et que nous devons compter aujourd'hui. Car il est utopique de penser que les dieux changent tout seuls sans qu'il nous soit possible de l'éviter et qu'ils s'introduisent sans notre aide, voire notre consentement, dans notre intimité. De toutes les « *nouvellités* », la nouveauté religieuse est celle que Montaigne repousse avec le plus de vigueur. Voilà près de deux siècles que la Réforme nous est présentée comme un grand élan de liberté de l'esprit humain. Elle ne fut pas reçue ainsi par la chrétienté des années 1550.

Paradoxe inaugural et pied de nez aux évidences scolaires : avant le concile de Trente, l'Eglise catholique, imprégnée d'un humanisme qui plonge ses racines dans la pensée antique, est plus accueillante, moins excommunicatrice, plus tolérante, en un mot, que la religion du libre examen. Montaigne sait aussi que les révolutionnaires religieux avides de mener l'insurrection au nom de la foi nouvelle, redoublent l'impiété par l'irrévérence, et qu'ils ajoutent à leur « mécréance » la non moins grave tentative de subvertir l'ensemble de l'ordre constitutionnel. Pour notre gentilhomme, même si la sincérité des huguenots est irréprochable, c'est leur conception théologico-politique qui laisse à désirer. L'idée (qui sera reprise plus tard par une Ligue factieuse dans un des premiers chassés-croisés gauche-droite) que l'on puisse légitimer la rébellion d'un sujet contre son prince en défense de la religion lui apparaît inconcevable. Et puis, enfin, Montaigne se sent « naturellement » chrétien.

Cet aspect est encore souvent controversé. Dans son *Histoire du scepticisme*, Richard H. Popkin parle de l'évidente « indifférence » de Montaigne par rapport au christianisme, et tient qu'au mieux il était d'une grande tiédeur en matière de religion, « sans expérience ni engagement religieux ». Il n'aurait donc été chrétien que par formalisme. Montaigne doit cette réputation en partie à son *Apologie de Raymond Sebond,* le plus pyrrhonien de ses essais. Sebond était un théologien catalan du XVe siècle célèbre pour avoir voulu démontrer dans sa *Théologie naturelle*, traduite par Montaigne en 1567-1568, que toutes les vérités du christianisme pouvaient être établies à partir des évidences naturelles. L'auteur des *Essais* le défend à partir d'un argument surprenant : la raison humaine, dit-il en substance, est un guide trop fragile pour aboutir à quelque certitude que ce soit. A cette occasion, il adopte pour devise le fameux « *Que sais-je ?* », en parvenant à la conclusion que « *la raison ne fait que vagabonder particulièrement si elle se mêle des choses divines* ». Là encore, urgence, comme dira Spinoza, de ne pas « faire délirer les dieux avec les hommes ».

On nous portraiture aussi un Montaigne chrétien contre l'idolâtrie et qui proclame, de manière presque kantienne, la finitude de la raison : « Ainsi, relève Quentin Skinner, le projet de défendre Sebond prend-il une coloration ironique, car on peut aisément imaginer qu'en réalité Montaigne pourrait avoir eu l'impression de saper les fondements du christianisme même. Telle fut en tout cas l'interprétation proposée par les libertins érudits au XVIIe siècle et l'on retrouve un soupçon analogue dans nombre de commentaires récents. »

Cette opinion se trouve renforcée par un reproche beaucoup plus fallacieux. On nous peint un Montaigne captif de sa théorie de prudence, et qui marche sur des œufs. Si notre gascon ne montre pas davantage son hostilité à l'Eglise, c'est par peur. Par calcul. Parce qu'il est avisé. Méfiant. Roublard. Il « *donne des gages* », tranche, en adepte de cette thèse, André Gide. Voire. Lucien Febvre, l'historien des *Annales*, oppose à la pseudo-démystification gidienne une « éthique » de l'histoire, comme tentative de résurrection, comme capacité de servir le passé, non de se servir de lui : « Comment ne pas être étonné de la façon dont nos contemporains s'obstinent sous prétexte de les justifier, à dégrader les grands hommes auxquels ils rattachent, non sans raison, la genèse du monde moderne ? Ils sont satisfaits que s'ils en font des pleutres. »

La cause pour certains est entendue. De même qu'un Montaigne naturellement conservateur est une thèse irrecevable, un Montaigne naturellement chrétien est un secret inavouable. L'auteur des *Essais* ne peut être que progressiste et libre-penseur. Plusieurs démarches de l'intéressé vident cette mauvaise querelle. Quand Catherine de Médicis promulgue l'Edit de tolérance en janvier 1562, le Parlement de Paris exige en contrepartie un nouveau serment de fidélité à l'Eglise catholique et romaine. Magistrat de Bordeaux, Montaigne réside alors à Paris. Il accepte avec enthousiasme l'idée de prêter serment. Nulle part dans les *Essais*, il ne se glorifie de cet acte qui l'eût préservé, mieux que n'importe quel écrit, de tout soupçon.

Dix ans plus tard, quand il aménage sa tour en thébaïde

d'écrivain, il prévoit une chapelle privée au rez-de-chaussée. L'église du village n'est pourtant pas éloignée, et Montaigne ménage une ouverture par le plancher de sa chambre, pour suivre la messe de son lit. Dix ans plus tard, on voit Montaigne, accompagné de son seul domestique, traverser en large la péninsule italienne pour effectuer le pèlerinage de Lorette, y faire ses Pâques et y déposer quatre ex-voto en argent. Aucune trace dans les *Essais* de ce séjour. Ces trois gestes, parmi tant d'autres, interdisent de mettre en doute le christianisme de Montaigne. Encore faut-il s'entendre sur ce que le mot recouvre, tout comme celui de conservatisme. A l'inverse des catholiques et des huguenots, l'auteur des *Essais* ne vit pas dans la crainte d'un Dieu vengeur. Dans ces temps de coercitions religieuses, cela mérite d'être souligné. Mais qui est ici le plus chrétien ? Celui qui pense que Dieu n'est ni fondateur, ni professeur de morale, ou celui qui divinise les impératifs moraux venus d'Aristote ? Comme Erasme, mais aussi comme les Pères grecs, Montaigne croit que Dieu est amour. Confiant en la bonté de ce philanthrope, notre gentilhomme ne redoute pas sa justice :

« *C'est folie de craindre Dieu. Dieu est bon par sa nature, l'homme par son industrie. La sagesse divine et l'humaine sagesse n'ont d'autres distinctions, sinon que celle-là est éternelle* » (II, 12).

Une position ici encore qui le tient aussi éloigné des huguenots que des liguards. Dans *Autour de Montaigne*, Roger Stéphane relève « vingt passages de cette même veine ». Un point qui n'a jamais été repris : Montaigne pratique ce que les chrétiens d'Orient appellent l'hésychasme, la prière du cœur, sans relâche, presque d'instinct.

« *Je ne sais si je me trompe, mais puisque, par une ferveur particulière de la bonté divine, certaine façon de prière nous a été prescrite et dictée mot à mot par la bouche de Dieu, il m'a semblé que nous en devions avoir l'usage plus ordinaire que nous n'avons [...] il est certain qu'elle dit tout ce qu'il faut, et qu'elle est très propre à toutes occasions. C'est l'unique prière dont je me sers partout et la répète au lieu d'en changer* » (I, 56).

Avant d'évoquer la nature des liens qui attachaient Montaigne à La Boétie, rappelons cet épisode du périple en Italie. Notre voyageur s'arrête un moment pour parler de ces Portugais de Rome qui « *s'épousaient mâles mâles à la messe, avec mêmes cérémonies que nous faisions nos mariages, faisaient leurs Pâques ensemble, lisaient le même évangile des noces et qui couchaient et habitaient ensemble...* ». Montaigne déplore qu'« *il fut brûlé huit ou neuf Portugais de cette belle secte* ».

Cette persécution n'a pas échappé à Philippe Sollers, pas plus l'extrême tolérance dont Rome sut faire montre. Dans un article sur Montaigne intitulé « Un voyageur secret », il souligne : « Contrairement à l'idée reçue, Rome est un lieu d'ouverture. » C'est que tous les christianismes s'y retrouvent puisque le Christ appartient à tous : au jésuite comme à la prostituée. Gloire du baroque ! Le pape Grégoire XIII, lors de l'audience du 29 décembre 1580, conseille à « M. de Montaigne de continuer à la dévotion qu'il avait toujours portée à l'Eglise et service du roi très chrétien ». Durant son séjour, Montaigne reçoit toutes sortes de marques de courtoisie : il peut visiter à loisir la bibliothèque vaticane et consulter les manuscrits et les exemplaires les plus rares. Les *Essais* sont aussi bien traités que leur auteur. Le *maestro del sacro palazzo* s'en remet à la conscience de Montaigne pour corriger quelques expressions qui ont paru audacieuses aux censeurs.

Il est plus facile d'être libre dans une catholicité décadente que dans une réforme vigoureuse et rigoureuse. Le christianisme ne persuade pas : il charme et attire, il séduit. Tel est son moyen d'agir sur le monde. Les questions de foi religieuse restent hors du domaine du doute, puisqu'elles sont hors du domaine de la raison. Montaigne, en bon fidèle, responsable de l'ensemble de son Eglise, n'en sépare pas moins le bon grain de l'ivraie. Dans le camp sacerdotal, on reprochera vivement à Montaigne, non pas tant son analyse critique des turpitudes de l'institution (« *Notre religion est faite pour extirper les vices ; elle les couvre, les nourrit, les incite* »), qui n'est guère contestable historiquement, moralement, mais surtout chrétiennement. On lui reprochera surtout d'avoir tenu ce discours dans une conjoncture politique et sociale déterminée – les guerres de Religion – où, envisagée selon le point de vue de la cléricature, cette analyse ne pouvait que servir les intérêts de l'ennemi. En d'autres termes, une vérité, si importante soit-elle en elle-même, doit être tue. Dès lors que, publiée, elle serait immanquablement utilisée par un adversaire que le premier devoir est de vaincre. La loi du combat prime le témoignage à rendre à la vérité. La foi, ici, est morte, dévorée chair et squelette par la politique.

En provoquant ainsi à l'insécurité comme le firent, jadis, les premiers chrétiens, Montaigne s'expose à la colère des assoupis, réveillés sans précaution de leurs sommeils dogmatiques. Mais c'est aussi une bonne manière d'exercer et de renouveler les fonctions d'autorité. Inverser l'ordre ancien des soupçons inquisitoriaux et atteindre à l'honneur d'être une cible ne peut rendre plus honorable que jamais le beau métier de chrétien.

Une ascèse voluptueuse

La plénitude, nous la gagnons en consentant à l'infirmité de notre prise. Voilà pourquoi le désir est une nourrice sèche. Avec lui, nous nous transportons en esprit où nous ne devons pas être. Nous délaissons l'instant, pour un ailleurs qui est le lieu de notre emprisonnement et non l'aire de notre épanouissement. Le désir est la marque du manque abyssal de l'être humain en quête de sa complétude. Chaque consommation charnelle ne fait que l'aiguiser, le renouveler. Chaque surface de peau, chaque regard sont prompts à le raviver. Or Montaigne nous enseigne qu'il est vain de vouloir surmonter la lacune ou l'imperfection puisqu'elles sont inhérentes à la vie et entrent dans la définition de nous-mêmes. Lorsque Sartre écrit dans *L'Etre et le Néant* que « le désir est tout entier chute dans la complicité avec le corps », il s'abuse. Il n'y a pas de complicité mais une adversité. Le désir (r)avale tout : le corps, l'esprit, la volonté, l'imagination, l'amour. Il est un dieux jaloux qui nous dépossède de nous-mêmes et qui, du coup, nous coupe l'appétit.

« *Je me contente de jouir le monde sans m'en empresser, de vivre une vie seulement excusable, et qui seulement ne pèse ni à moi, ni à autrui* » (III, 9).

L'humanité de Montaigne est acceptation de ses limites. Celui qui éprouve le monde comme harmonie doit, implicitement du moins, le penser comme une unité spirituelle, saisissable à l'intérieur de nous-mêmes, et dans laquelle tous les contraires se confondent. Alors, ouvrons l'éventail des plaisirs autant que la nature le permet. Apprenons à les goûter en intensifiant la conscience que nous en avons. Il faut savoir « *se mirer dans ce prospère état* ». Je pense être heureux, donc je le suis. Tel est le *cogito* montanien :

« *Chacun est bien ou mal selon qu'il s'en trouve. Non de qui on le croit, mais qui le croit de soi est content. Et en cela seule la créance se donne essence et vérité* » (I, 14).

L'obéissance réfléchie à ce qui nous est dévolu élève la jouissance au rang de sagesse. Les voluptés corporelles sont bonnes parce qu'elles viennent de la nature. Il faut non pas les craindre et les étouffer mais les faire valoir au contraire, et les régler pour en tirer le plus de plaisir qu'il se peut. « Montaigne, souligne Hugo Friedrich, peut laisser éclater la joie et la gaîté cordiale de son tempérament, cette gaillardise » qu'il tient de sa terre du Sud-Ouest :

« *Il faut donner jusqu'aux dernières limites du plaisir* » (I, 39).

L'appétit de Montaigne est solide. Il aime les plaisirs de bouche. Il est un entonnoir à chapons, une grotte à venaisons. Il engloutit sans broncher civets de lièvre, rôtis de caille, marcassins en croûte, pâtés, melons et des montagnes de fruits confits. Raffole-t-il des artichauts découverts en Italie ? C'est pour les avaler aussitôt par fournées. Gros mangeur, il court pourtant en même temps les mets délicats.

Même en arrivant aux « limites », il sait que le goût est, comme l'écrit Marcel Conche, « la vérité humaine du plaisir et son retentissement en l'âme ». Question de pédagogie gustative : la jouissance s'apprend. Il faut l'étudier, la savourer, la ruminer (s'en éprendre, s'en imprégner). Le plaisir cru enrichit la palette de nos sensations, tout comme le détachement serein ou la souffrance endurée avec patience, car « *c'est une absolue perfection et comme divine, de savoir jouir loyalement de son être* ».

« *Les biens de la fortune, tous tels qu'ils sont, encore faut-il avoir du sentiment pour les savourer. C'est le jouir, non le posséder qui nous rend heureux* » (I, 42).

La sagesse consiste à recevoir les présents que la nature nous fait à chaque instant. Comment accueillir ce don, sinon par la joie ? Hantise du dolorisme : Montaigne déteste les esprits chagrins qui grognent et se plaignent parce qu'ils vieillissent et tombent malades et souffrent. Bref, parce qu'ils vivent une vie d'homme. Il accepte l'offrande du vin, de la nourriture, de la vie non pour se les accaparer, mais pour en jouir dans le recueillement et la ferveur. Sans doute est-ce pour cette raison que, plus fidèle en cela aux Grecs qu'aux Romains, il sent que « *le travail et le plaisir, très dissemblables de nature, s'associent pourtant de je ne sais quelle jointure naturelle* » (II, 20).

Montaigne forge ainsi une ascèse dont le but serait encore le plaisir, une ascèse voluptueuse. Elle permet de vivre « *tous ceux* [les plaisirs] *que veut nature, et jusques à satiété* ». Elle autorise d'arrêter le buveur avant l'ivresse, le paillard avant la pelade : « *Cet apprentissage se partage. On jouit avec, on jouit ensemble.* » Montaigne n'aime pas prendre du plaisir seul : « *Nul plaisir n'a goût pour moi sans communication* » (III, 9), affirme l'auteur des *Essais* en consonance avec Emmanuel Lévinas qui, dans *Le Temps et l'autre*, tient la volupté pour une des formes essentielles de la communication humaine. La jouissance, fût-elle égoïste ou prédatrice, est toujours érotique.

C'est un message, une adresse, un *(sex-)appeal*, une parole qui a partie liée avec ce que le psychanalyste Alain Didier-Weill nomme, dans son recueil *Invocations*, la « pulsion invoquante ». Cela étant dit, aussitôt se pose la question de savoir avec qui partager cette « poignée de main », selon le mot du poète Paul Celan. Dans *Montaigne et la philosophie*, Marcel Conche démontre qu'il y a toute « une hiérarchie des plaisirs selon que le rapport de la communication au plaisir est un rapport plus ou moins extérieur, ou est un rapport essentiel ». On pourrait ajouter que les *Essais* sont quelque peu construits comme *Le Banquet* de Platon. Aussi le plaisir de l'amour est-il à un degré supérieur à celui de la table, car la relation avec autrui n'est pas contingente mais essentielle.

Que pense Montaigne du plaisir amoureux ? On connaît son sentiment à l'égard de l'acte charnel. Il ne pense qu'à ça, ce n'est pas Kant qui se soulageait entre deux arbres durant sa promenade quotidienne. Il aime l'ivresse que lui procure ce qu'il nomme sa « petite patrie », même quand celle-ci se dérobe au moment crucial. Pourquoi s'interdire des jouissances conformes à la nature ? Dans la biographie fort juste qu'elle consacre à notre gentilhomme, Madeleine Lazard souligne que la puberté s'est très tôt manifestée chez lui par des signes extérieurs dont « sa mère fut surprise ». Brun comme un pruneau, notre futur gentilhomme était, dit-on, velu de la tête aux pieds et plus que correctement « membré ». « *Qu'a fait l'action génitale aux hommes, si naturelle, si nécessaire, pour en oser parler sans vergogne et pour l'exclure des propos sérieux et réglés ?* » (III, 5). Il n'attend pas d'être étudiant pour éprouver tous les tourments d'une volupté « *cuisante et mordante* » et se prête « *autant licencieusement et inconsidérément qu'autruy* » à la frénésie du désir. Bref, jeune magistrat, il baise à couilles rabattues tout ce qui peut croiser son chemin.

Hugo Friedrich l'a souligné : il n'y a chez Montaigne aucune trace d'idéalisation platonisante ou d'érotisme spiritualisé. Montaigne, l'anti-Botticelli. Aucune place, chez le châtelain de Guyenne, pour la comédie de l'amour. L'auteur des *Essais* l'avoue sans détour : il se passe aisément du commerce des âmes : « *Au lit, la beauté avant la bonté.* » Et même s'agissant de la plastique, Montaigne n'a jamais été très regardant. Il juge que, s'il n'y a pas de femmes « *laides universellement, il n'en est pas plus que de belles* ». Dans ce domaine, notre homme a la saveur gloutonne et se mord les doigts dans son empressement à dévorer les plats. Réduit à la jouissance physique, dépouillé des prestiges de la ferveur lyrique très prisée sous la Renaissance, l'acte charnel n'est pas autre chose pour lui « *que le plaisir à décharger ses vases comme le plaisir que nature nous donne à décharger d'autres parties* » (III, 5). « On s'est étonné, écrit Madeleine Lazard, qu'un homme si imaginatif, si sensible à tant d'égards ait mêlé si peu de sentimentalité aux relations amoureuses, auxquelles il donne les allures du contrat. Ni portraits, ni anecdotes, ni souvenirs précis dans ses confidences. »

On peut également juger singulier que, dans son journal de voyage en Italie, Montaigne si disert sur les courtisanes soit si discret sur d'éventuels passages à l'acte. Son jeune aide qui tient un temps la plume avant de mystérieusement disparaître à Rome ne nous en dit pas davantage. On reste perplexe quand on sait que ce sont les recommandations, puis l'éclipse d'un ami, qui pousseront Montaigne à s'engager dans la vie conjugale. A l'âge de trente-trois ans, il consent à épouser Françoise de la Chassaigne le 23 septembre 1563. Le terme « consent » n'est pas exagéré. Il n'y va pas pour partager ses plaisirs. Il y va à rebours, à contrecœur, pour « *sa postérité, pour sa famille* ». Cette dernière commence à trouver que le fils aîné qui porte le nom durement acquis de Montaigne tarde singulièrement à s'engager. Il y va, donc, respectueux de l'institution, quoique celle-ci soit davantage réservée, selon lui, aux âmes « *simples et populaires que ne troublent ni la curiosité, ni l'oisiveté* ».

L'amour. Le bonheur de l'amour – ce plaisir supérieur – qui procure seul la sérénité, Montaigne ne le rencontre ni dans l'acte sexuel, ni dans le mariage – mais derrière un pilier du parlement de Bordeaux.

Au lit avec La Boétie

Michel de Montaigne et Etienne de la Boétie. Une servitude volontaire. Si la mort n'est pas parvenue à séparer les deux amants, des décennies de critique ont réussi à les dissocier dans notre esprit. Désormais, le premier est campé comme un barbon égotique et un déversoir d'idées tièdes, alors que le second est célébré comme un Rimbaud de la philosophie politique. Avant même que la Cour des aides de Périgueux ne se fût fondue dans le parlement de Bordeaux, Michel a entendu parler d'Etienne. La Boétie y siège depuis 1554. Il y est entré à vingt-deux ans, tant son érudition a émerveillé la compagnie. Ses amis humanistes comme Dorat et Baïf, ses collègues comme Guy de Garlard et Jean de Belot ont témoigné par leurs vers de la grande admiration qu'ils vouent au jeune magistrat intègre et brillant.

Montaigne a lu une copie de son *Discours sur la servitude volontaire*, un court traité de jeunesse aussi tranchant qu'une épée et mince comme le rebord d'une plaie. Il sait que l'homme est un émotif – un rien l'abat, un rien l'exalte – et qu'il a troussé en secret quelques sonnets amoureux qui nous paraissent, aujourd'hui, aussi mystérieux que ceux de Shakespeare. Des uns s'adressent à une « Dordogne ». Montaigne les jugera, plus tard « *gaillards, enjoués... vifs et bouillants* ». Des autres, qui sont dédiés à une « Gironde », qu'ils respirent « *une certaine froideur maritale* ».

La Boétie a également entendu parler de Montaigne. Comment en serait-il autrement ? Michel est le fils aîné du maire de Bordeaux. Il habite le latin aussi bien que la langue « françoise » et il déploie une verve sans pareille dans les conversations privées. Sans doute se méfie-t-il un peu, comme l'a noté Jean Prévost, de ce jeune magistrat mondain et peu soucieux de sa charge. Que partagent La Boétie et Montaigne ? Certainement pas l'origine sociale. Le premier appartient aux parlementaires installés, c'est la vieille peau d'un régime dont les guerres de Religion, ultimes hoquets sanglants du féodalisme, arrêtent un temps la mue. Il est un rouage qui se croit encore essentiel quand il est déjà inutile. Et c'est précisément pour cela que son talent réel n'est pas reconnu. Le second, petit-fils de marrane, est le digne rejeton de cette bourgeoisie montante qui court à l'anoblissement et qui, pendant près de deux siècles, sera l'appui le plus constant d'une monarchie en majesté. Avec La Boétie, c'est un monde qui finit, avec Montaigne, c'est un monde qui commence...

Etrangement, dans un cénacle aussi étriqué que l'était le parlement de Bordeaux, la rencontre physique entre les deux hommes ne se produit que tardivement, « *par hasard en une grande fête et compagnie de ville,* [où] *nous nous trouvâmes si pris, si connus, si obligés entre nous, que rien dès lors ne nous fut si proche que l'un à l'autre* ». Montaigne a vingt-cinq ans et La Boétie vingt-huit. Et c'est le coup de foudre. S'ils se sont reconnus avant de se connaître, c'est que par le regard naît l'amour. Un seul coup d'œil a suffi et leur passion est immédiate, « *si entière et si parfaite que certainement il ne s'en lit guère de pareilles* ». Et l'on songe ici à bien d'autres scènes de notre littérature. C'est Lucien Leuwen vidant les étriers en apercevant une femme. C'est Frédéric Moreau dans L'*Education sentimentale*, saisi de ravissement à la vue d'une inconnue, Mme Arnoux, sur le bateau qui, de Paris, le ramène à Nogent. C'est Swann et Odette au début de la *Recherche*.

Ce sera le grand amour, le seul, l'unique de la vie de Montaigne qui toute son existence demeurera contre l'un, tout Contr'Un. Notre gentilhomme se retrouve veuf le mercredi 18 août 1563 vers trois heures du matin. La vie alors « *n'est plus que fumée et nuit obscure. Depuis le jour que je le perdis, je ne fais que traîner en languissant : et les plaisirs qui s'offrent à moi, au lieu de me consoler, me redoublent les regrets de sa perte* ». Des deux inscriptions latines que Montaigne fait peindre sur les poutres de sa bibliothèque, l'une d'elles exalte son vœu de se vouer désormais à la mémoire de l'amant. « *Lui seul*, ajoute-t-il dans l'édition de 1588 des *Essais* (cet additif sera biffé par un jaloux), *jouissait de ma vraie image et l'emporta.* »

Au fond, la nature de la relation qui lie au début les deux hommes est aussi simple que *La Lettre volée* d'Edgar Poe. Trop simple peut-être. Aussi pour voir cette lettre faut-il sans doute être en mesure d'éprouver les mêmes sentiments que ceux qui animèrent Montaigne. Car si l'on comprend bien la gêne de tous les biographes passés lorsqu'ils eurent à définir l'affection qui unissait les deux hommes, on s'explique moins, en revanche, les analyses emberlificotées avancées par les biographes actuels. Ils nous disent : cette amitié est l'union de deux beaux esprits. La profondeur et la longévité de cette passion se limiterait ainsi au commerce de deux âmes qui se rejoignent et s'étreignent voluptueusement dans l'éther, pas sur la terre.

« *Si on me presse de dire pourquoi je l'aimais, je sens que cela ne se peut exprimer qu'en répondant : "Parce que c'était lui, parce que c'était moi"* », conclut l'auteur des *Essais* (I, 28), comme on rend les armes à la nécessité. Un « parce que » qui équivaut à une capitulation : Montaigne avoue son impuissance à expliquer ce qui échappe à la raison. On trouve toujours une justification à l'amitié : le service rendu, l'admiration sincère, le point de vue partagé, la proximité. Il serait vain d'en chercher dans l'amour. On commence par mettre en avant tel ou tel trait de caractère ou particularité physique jusqu'au moment où on finit par avouer son impuissance : « *parce que c'était lui, parce que c'était moi* ».

Faut-il redire que tout les sépare au moment de leur rencontre ? La Boétie est un bloc de certitudes quand Montaigne cabote de doctrines en engouements, changeant plus souvent de philosophie que de pourpoint. Il est simultanément, sage sceptique, sage stoïcien, sage épicurien, sage platonicien, apte à tous les jeux de rôle philosophiques et ne s'identifiant pleinement à aucun d'entre eux. Il « *donne à son visage tantôt un visage, tantôt un autre suivant le côté où il se couche* ».

Mièvrerie des biographes. Ils nous disent : après la mort de La Boétie, Montaigne s'est jeté à corps perdu dans le lit des femmes. Comme s'il y avait là une contradiction. En mettant en avant cette objection, ne plaque-t-on pas une vision étroite de l'amour telle que notre époque la véhicule ? L'éros au XVIe siècle offre une palette infiniment plus large et plus variée qu'en un temps – le nôtre – où il y a de moins en moins de sexe et de plus en plus de sexologues. On aime alors au-delà de l'âge, du genre, de l'ethnie et même des idées. La Contre-Réforme et la Réforme n'ont pas encore étendu leur drap de bure sur l'Europe. Et moi, contrairement à nos « Modernes », je n'ai aucun mal à penser que la nuit, Montaigne occupait le plus souvent le côté gauche de la paillasse : ainsi en ces temps de trouble, il pouvait saisir son épée en cas de péril imminent et, quand il se tournait vers La Boétie, il pouvait l'attirer vers lui, faire courir ses mains depuis sa nuque jusqu'à sa taille, et plus bas encore, si les sens de l'un et de l'autre étaient éveillés. Je n'ai aucun mal à imaginer non plus que ce couple qui n'avait pas été sanctionné par les registres de l'Eglise, mais qui ne vivait pas moins un sacrement, ne s'embarrassait ni de règles, ni de modestie. Aussi tous deux reposaient-ils, les rares moments qu'ils passaient ensemble, sans ces épaisses bottes de cavalier qui leur montaient au-dessus des genoux, première infraction aux usages, et La Boétie avait recueilli en son sein la semence de Montaigne. A moins que ce ne fût le contraire. Et avancer pareille chose n'est pas une hérésie plus grande que de la faire, disons qu'au terme de cet échange, ils avaient bien, cette fois, une même âme pour deux corps, un seul regard pour deux. « *Nos âmes ont charrié si uniment ensemble, elles se sont considérées d'une si ardente affection découvertes jusqu'au fin fond des entrailles l'une à l'autre, que non seulement je connaissais la sienne comme la mienne, mais je me fusse certainement plus volontiers fié à lui qu'à moi* » (I, 28).

Myopie des biographes. Ils disent aussi : dans ce chapitre sur l'amitié que vous citez, et où La Boétie est partout présent, Montaigne parle de « *cette autre licence grecque* [qui] *est justement abhorrée de nos mœurs* ». Ne serait-ce pas là la manifestation de sa réticence à l'encontre de l'acte sexuel entre hommes, de ce que l'on appelle plus communément l'« amour grec » ? Quelques remarques s'imposent ici après ce service minimum à la moraline publique. La première est que l'auteur des *Essais* s'exprime toujours en son nom propre lorsqu'il s'agit de condamner une situation, un fait historique ou une idée. Il ne laisse jamais une tierce personne s'interposer et entend bien exercer directement son jugement. La seconde est que cette courte phrase surgit d'une manière un peu abrupte après un long développement qui est une mise en pièces du mariage et, plus largement, une critique générale sur l'inaptitude des femmes à « *dresser une telle accointance, libre et volontaire, où non seulement les âmes eussent cette entière jouissance, mais encore où les corps eussent part à l'alliance* ». La troisième remarque souligne la nécessaire prudence de l'auteur. Bien plus que l'hérésie, la sodomie – avec la sorcellerie —, rendue publique, est le plus court et le plus sûr chemin qui mène au bûcher. Un des maîtres de Montaigne à Toulouse, grand humaniste, devra pour cette raison quitter précipitamment la France. L'auteur du *Voyage en Italie* le retrouvera quelques années plus tard à Rome étudiant sous la haute protection... du pape

Ces biographes nous disent encore – s'imaginant faire preuve de compréhension et de « *tolérance* » : sans doute Montaigne était-il bisexuel ? L'auteur des *Essais* et Madonna, même combat – ne serait-ce pas là après tout une belle preuve de « modernité » ? L'ennui est qu'en agissant ainsi on ne fait qu'accoler une autre étiquette à l'homme qui les récusait toutes. Montaigne n'était pas plus hétérosexuel que gay, bisexuel ou *queer*. Dans *La Tentation communautaire,* j'ai écrit que le fait de posséder telle ou telle qualité ne m'empêche pas de dire qu'il existe une distance entre elle et moi : elle est mienne mais elle ne m'englobe pas. Si je perds les épithètes dont on m'affuble, les mérites dont on me crédite ou les attributs qu'on me reconnaît, je n'en demeure pas moins le même. Aucun état ne peut me définir assez pour qu'il me soit impossible de me comprendre sans lui. Aucun rôle, aucun engagement, ne peut me contenir assez pour qu'il me soit impossible de me comprendre sans lui. Aucune identité ne peut m'être si essentielle que m'en détourner mettrait en péril la personne que je suis. Ce qui compte par-dessus tout, ce n'est pas les fins que nous choisissons, mais notre capacité à les choisir. Dans ce domaine comme dans les autres, il n'y a pas d'essence ou de vérité de l'homme. L'homme est, comme l'illustre par excellence Montaigne, sans définition ou, comme dira plus tard Musil, « sans qualités ». Le définir, le dé-limiter, c'est l'enfermer, le nier.

Imagine-t-on un seul instant que Montaigne, dont l'esprit sans cesse gambade et saute les barrières, impose à son corps une unicité de doctrine ?

« *Je ne me mêle pas de dire ce qu'il fait faire au monde, d'autres assez s'en mêlent, mais ce que j'y fais* » (I, 28).

Et de citer le poète latin Térence : « *Mihi sic usus est ; tibi, ut opus est facto, face* (Moi, c'est ainsi que j'en use ; vous faites comme vous l'entendez) ». L'homme est une perpétuelle question. Il n'est même que cela. Il faut le laisser se déployer, lui permettre d'ouvrir sur tous les possibles. Et il est un moyen d'ouvrir tous les possibles : c'est l'amour, ou ce que les Grecs nommaient la *philia ;* cette dernière, en sa fine pointe si elle permet la perte de soi dans l'autre, offre au Moi une chance, peut-être unique, d'échapper à lui-même, de prendre congé, de s'oublier. Insoutenable légèreté de mon être, quand il n'est plus mien :

« *Le secret que j'ai juré ne déceler à nul autre* [...] *C'est un assez grand miracle de se doubler* » (I, 28).

Les sentiments que dans la *philia* l'on éprouve pour l'autre que soi et qui se révèle l'autre du même ont un rôle essentiel dans le passage du plaisir au bonheur. En dépit des hommages répétés que les penseurs modernes rendent à l'amitié, la *philia* des Anciens la dépasse et les accable.

Eux seuls se sont vraiment préoccupés de clarifier cette notion, d'en épouser toutes les variations. On retrouve, ici, la même faillite des métaphysiciens soucieux d'écarter ce qu'ils ne considéraient pas comme « premier ».

Dressés par des schèmes cartésiens, nous avons longtemps vécu dans l'illusion que tout l'effort de la philosophie consistait avant tout à nous libérer des obstacles ou des subversions de l'affectivité, conçue comme étrangère à la conscience pure. Le philosophe Jean-Claude Fraisse, dans *Philia, la notion d'amitié dans la philosophie antique,* peut parler de « problème perdu ». Seul le déclin actuel de la métaphysique éveille l'intérêt pour les rapports avec autrui, comme il favorise d'autres recherches. Pour les Anciens, le sage est plein de charme (*epaphroditos*), est-ce cet éros-là qui ravit Montaigne ?

Dans *Et qu'un seul soit l'ami*, Jean-Michel Delacomptée, auteur par ailleurs du très beau *Roi miniature,* insiste sur la laideur supposée d'Etienne de la Boétie. Le jeune magistrat aux muscles noueux aurait eu les cheveux blancs et des rides profondes. On ne voit pas très bien en quoi ce tableau servirait de repoussoir, sauf à calquer la *philia* entre nos deux hommes sur des schémas esthétiques contemporains. Or l'attrait entre eux est bien de nature irraisonnée. « *Il y a, au-delà de tout mon discours, et de ce que j'en puis dire particulièrement, ne sais quelle force inexplicable et fatale, médiatrice de cette union* » (I, 28). « *Ce n'est pas une spéciale considération, ni deux, ni trois, ni quatre, ni mille : c'est je ne sais quelle quintessence de tout ce mélange, qui, ayant saisi toute sa volonté l'amena se plonger et se perdre dans la sienne ; qui, ayant saisi toute sa volonté, l'amena se plonger et se perdre en la mienne, d'une faim, d'un concurrence pareille.* » Faut-il voir alors La Boétie en Socrate et Montaigne en Alcibiade ? De nombreux commentateurs, en particulier Jean Starobinski, soulignent que l'auteur des *Essais* se présente en disciple. Et puis, un des poèmes en latin de La Boétie ne dépeint-il pas son aimé comme un être complexe, né aussi bien pour les vices illustres que pour les hautes vertus, exposé par ses qualités mêmes aux plus fortes tentations ? On croit entendre ici l'amorce d'un dialogue socratique. Mais la comparaison s'arrête là. La Boétie porte une admiration toute aussi vive à Montaigne. Imagine-t-on Socrate après avoir bu la ciguë, priant Alcibiade de bien vouloir lui « donner une place » ? C'est pourtant bien ce que La Boétie demandera à Montaigne sur son lit de mort : « Mon frère, mon frère, me refusez-vous donc une place ? » Ce dernier va bien envisager, dans un premier temps, d'abriter son ami défunt. L'entreprise littéraire de notre gentilhomme est conçue comme une sorte de préface générale à l'œuvre de La Boétie, un ornement baroque comme ces coquillages et triphons qui entourent les fontaines. Le *Discours sur la servitude volontaire* doit trouver refuge, il doit être publié, au cœur du premier livre des *Essais*. Mais Montaigne ne tiendra pas parole. Et ce, non pas pour des raisons politiques, ou par peur de publier un traité détourné de son objet initial par les réformés séditieux, encore moins pour des raisons de susceptibilité, par rivalité mimétique avec le génie encombrant de son ami. Non. La vérité est qu'en portant La Boétie en lui, Montaigne a accouché d'un projet bien plus grand qu'une seule préface argumentée. Il a enfanté l'essai même qu'Etienne n'a pas été en mesure d'écrire (« *S'il eût pris un tel dessein que le mien de mettre par écrit ses fantaisies, nous verrions plusieurs choses rares et qui nous approcheraient bien près de l'Antiquité.* ») Gros de son ami, Montaigne lui a donné les *Essais*. Peut-on imaginer plus belle preuve d'amour ?

*

« *Parce que c'était lui, parce que c'était moi.* » Ne croit-on pas voir s'équilibrer deux plateaux d'une même balance ? Montaigne et La Boétie s'aimèrent parce qu'ils étaient « *tous deux hommes faits* ». Pour que la *philia* soit un échange, pour que l'autre soit un miroir, il faut que l'aide qu'on lui apporte ne lui enlève pas sa part d'être. Le vrai reproche que Montaigne adresse à la « licence grecque », à l'amour socratique, ce n'est pas l'acte amoureux, mais l'inégalité de condition et de responsabilité qu'elle suppose.

Dans les fausses relations amoureuses, on court tantôt après un être qui nous inspire admiration ou respect et dont on recherche la protection, tantôt – comme c'est le plus souvent le cas –, après un être qui a besoin de nous et sur lequel nous pouvons accroître notre emprise. (« C'est pour ton bien », entend-on souvent.) Problème : en niant ainsi la personne de l'autre, on le prive du même coup du désir d'accéder au bien. On ne fait pas le bonheur des gens malgré eux, dit le dicton populaire. On devrait ajouter que l'on ne fait pas le bonheur des gens à leur place. Que l'un des aimés campe dans sa liberté et l'autre dans la sienne, et l'amitié sera bien gardée. Une remarque qui peut être étendue à ce que Montaigne nomme les « *amitiés communes* ». C'est-à-dire à ces politiques de l'amitié, dirait Derrida, qui tissent le lien social au sein de la cité. Les relations amicales élargies au domaine public, donnent un sentiment de sécurité dans un monde humain qui, pour être régi par des règles, ne nous paraît pas moins indifférent, voire hostile.

Ce sentiment compte avec la relativité des lois civiles, l'arbitraire des régimes politiques, favorisés par les soubresauts du siècle. On peut tracer l'esquisse de cette *philia* : la liberté de choix qui évite ensuite les regrets ; en second lieu, sa constance qui est son principal mérite ; la durée qui en est la conséquence ; la radicale différence d'avec un plaisir égoïste et versatile ; le renoncement à la ravaler au niveau de l'échange de bons procédés. L'amitié n'est pas une communauté réduite aux aguets. Car la réduire à un principe d'utilité, c'est toujours attendre la réciprocité, associer des sentiments nobles à des calculs mesquins. L'amitié s'oppose au clanisme, aux mafias : elle ne consiste pas à partager le monde entre, d'un côté, les amis qui nous servent et auxquels on réserve récompenses, prébendes et privilèges, et, de l'autre, les ennemis que le droit de la guerre permet d'embrocher.

Pour autant, cette *philia* se fonde bien ici aussi sur l'égalité. Elle est pure oblation entre pairs. Elle prend appui sur l'égale capacité de donner et de recevoir. Ce dernier point doit cependant rarement être mis à l'épreuve. Il suffit de savoir qu'il existe.

Lorsqu'ils voulaient parler des vertus de l'amitié dans l'espace public, les Anciens avaient coutume d'évoquer un contre-exemple : la figure du tyran. Dans son *Discours*, La Boétie montre, en s'inspirant de Xénophon, que le despote ne peut pas connaître le bonheur de la *philia* dans la mesure où son arbitraire engendre à la fois la crainte à son égard, la méfiance réciproque chez ses concitoyens et où ses excès le contraignent à considérer tout propos amical comme une flatterie, à craindre ceux qui le craignent. La tyrannie exclut toute *philia*. Elle a même tout à perdre de ce sentiment, comme le rappellent Harmodius et Aristogiton, les illustres amants qui assurèrent « *la défense de l'équité et de la liberté* », selon les mots de Montaigne, en assassinant le tyran.

Voilà pourquoi « *les bons législateurs ont eu plus de soin de l'amitié que de la justice* ». Il est intéressant de relever dans l'histoire le nombre de souverains à la légitimité contestée qui ont tenté de recourir à l'amitié pour sauver leur trône.

A l'époque même de Montaigne, Henri III chercha, en créant l'ordre du Saint-Esprit, à s'attacher non des sujets, mais des amis, et à recréer autour de lui une nouvelle chevalerie. Il y parvint en partie. Cet éros présent dans les relations entre le roi de France et ces bretteurs redoutables a suscité les lazzis des rigoristes huguenots et des fanatiques liguards. Reste que ces éphèbes d'acier, ces « mignons », ont permis par leur bravoure et leurs faits d'armes, de garder le royaume de France d'un éclatement certain. « La certitude d'appartenir à la poignée de magnanimes qui voient clairs et se savent libres est commune aux *Essais* et au *Discours* » (« *Sur la servitude volontaire* »), écrit Marc Fumaroli dans *La Diplomatie de l'esprit*. Elle esquisse ainsi « un cercle d'égaux, dialoguant dans un état d'amitié souriante et de sincérité recueillie ». Et de citer Montaigne : « *Comme notre esprit se fortifie par la communication des esprits vigoureux et réglés, il ne peut se dire combien il se perde* [...] *par le commerce* [...] *avec les esprits bas et maladifs.* »

L'échange ouvert avec des hommes de qualités vivants est la meilleure occasion de révéler et faire croître sa propre qualité. Et si l'âme sœur vient à manquer ? Montaigne a, de toute manière, les grands Anciens à sa portée et peut entamer un vaste colloque avec les morts, prélude aux conversations avec une descendance. Au fond, tous les essais des *Essais* relèvent de la *philia*, et non le seul – et célèbre – chapitre 28 (l'âge de La Boétie lors de la rencontre) consacré à l'amitié. Les *Essais* ne nous offrent-ils pas leur hospitalité en ouvrant sans arrière-pensée, sans calcul, à égalité de traitement et de statut, le dialogue entre deux intériorités : celle de Montaigne et celle du lecteur ? Ils sont bien le point de rencontre d'âmes « *non vulgaires* », tentées de respirer le même air que leur auteur, celui des cimes.

MAI 1527, SEPTEMBRE 2001

J'ai choisi de ne m'approprier ici que ce qui convient à ma nature. Mon procédé de choix qui prend tel ou tel trait dans Montaigne, en ignore, en redistribue ou en défigure d'autres est précisément l'attitude qu'il adopte à l'égard des Anciens. Mes omissions ne me caractérisent pas moins que mes emprunts. J'ai cherché les endroits où je trouverais une confirmation ou une nourriture adaptée à mon tempérament. Là aussi, j'ai transformé une vérité d'autrui en une vérité personnelle. « Les modèles ne sont pas objet d'imitation et d'aveugle soumission, ils ne font que préparer les voies pour entendre l'appel de notre personne », écrit Max Scheler et c'est également ce que pense Montaigne.

Aussi ai-je préféré retenir l'homme qui est aussi bien à son aise en société, à la cour, sur le champ de bataille, en voyage que dans le secret de sa chambre d'études ; le cohéritier souverain de toutes les traditions entretenant avec elles un commerce toujours résiliable et souvent renouvelable ; un prince du doute qui a des principes, certes, mais *in situ* ; un savant qui ne s'isole dans aucune spécialité, capable de reconnaître son ignorance, attentif à la santé de son corps, respectant la vérité même quand elle campe dans les rangs de l'adversaire... Toutes ces qualités font-elles de Montaigne un philosophe ? Dans cette question, c'est le singulier qui gêne. Comment imaginer qu'un homme puisse ne porter en soi qu'un philosophe ? Montaigne est plus proche de la vérité quand loin de s'occuper à modeler sa statue homogène, il se présente à nous avec ses manques, ses doutes, ses folies. Autant ai-je du mal à imaginer quelle serait la position d'un nouveau Socrate, en quoi consisterait son ironie, comment nous pourrions bénéficier de sa maïeutique, autant je n'éprouve aucune difficulté à penser que Montaigne nous annonce et nous ressemble, nous les archipels engloutis par la modernité.

*

Montaigne ne commet jamais l'erreur de se prendre au sérieux. Car de quel droit soumettrait-il ce qui l'entoure, les hommes, la société, le divin à la critique s'il parlait en même temps de l'intangibilité de sa personnalité de gentilhomme de province ?

La modestie est la vertu que les dieux ont parfois le plus magnifiquement récompensée. Rappelons la plupart des présocratiques qui ne voulurent pas être autre chose que d'aimables causeurs vagabonds et Virgile qui jamais ne songea à égaler Homère. Eprouvée par des décennies de guerres civiles, la raison de Montaigne a connu les bornes de la raison, son ambition les limites de l'ambition. Les périodes les plus fécondes de l'histoire sont celles où les génies ne font pas les malins.

L'exemple d'Erasme nous le montre assez. Il faut être intelligent, mais ne l'être que jusqu'à un certain point, jamais trop, et de ce « jamais trop » faire précisément une force égale aux forces les plus concentrées, les plus puissantes. Garder toujours, face à de gigantesques phénomènes, sa propre mesure humaine. Etre libre, affranchi, mais cela aussi, l'être sans outrance. Toute la difficulté est là.

Penser librement ne signifie pas qu'il soit permis de dire tout le mal que l'on pense du prince, des gouvernements, des juges ou des évêques. On aura l'honnêteté d'admettre que Montaigne ne s'est guère bridé en la matière. Mais notre gentilhomme prise peu cette liberté qui est tellement de commande qu'elle en devient finalement une nouvelle geôle. Sa liberté à lui, c'est la normale, la simple franchise de tous les jours, indispensable pour vivre, et qui relève de l'instinct bien plutôt que de la réflexion, une liberté qui, refusant d'être un absolu, veut demeurer affranchie, c'est-à-dire affranchie même envers sa propre liberté.

En fait, l'auteur des *Essais* nous dit que la libre expression de la pensée est un problème important mais secondaire, et assujetti au nôtre qui est la liberté de penser. La véritable interrogation est de savoir si la pensée, notre pensée, celle de chacun d'entre nous, peut se développer avec une liberté totale, indépendamment du fait qu'il nous soit permis de l'émettre ensuite. Disons-le franchement : à quoi nous sert la libre expression d'une pensée esclave ? Ce qui doit nous préoccuper en premier, c'est de fortifier notre pensée, la rendre apte à apprendre quelles sont ses possibilités, ses limites et jusqu'à quel point elle jaillit librement, de façon originale...

Encore faut-il être modeste quand on parle d'originalité. Il n'y a rien de mal à énoncer une vérité qui a déjà été dite. Il n'est jamais trop tard pour tenir une réflexion de bon sens. Ce qui est condamnable, en revanche, c'est de prétendre confondre et accabler au moyen de la vérité à retardement ceux qui ont réussi à la dire en temps opportun.

*

Sans doute faut-il revenir une dernière fois sur le conservatisme de Montaigne. Afin de le comprendre, il serait bon que le monde des critiques guérisse de ce snobisme qui veut que seul le vêtement qui porte encore l'étiquette du tailleur soit neuf.

L'auteur des *Essais* est bien conservateur pourvu que nous ne l'entendions pas à la façon de ce galeux qui s'obstinait à conserver non la santé, mais la gale. Ce qu'il cherche à préserver, c'est la flamme et non les cendres. Comme tout vrai conservateur, Montaigne a posé la question la plus essentielle et la plus subversive qui soit : « *Que faut-il transmettre ?* » Sans cette question, toutes les « *nouvellités* » passeraient sans laisser de trace. Sans cette interrogation, on finirait par mêler conservateurs et réactionnaires, ces derniers ayant une fâcheuse tendance à confondre politique et digestion difficile.

Je sais que le mot « conservateur » est un mot qui commence mal... Déjà, à l'époque de Montaigne, il sonnait désagréablement aux oreilles. Aujourd'hui, après deux siècles de critiques, il doit encore lever le bouclier contre de rudes et constantes attaques. C'est bien simple, personne n'ose relever le terme. Cependant avec son libéralisme, son individualisme, sa floraison industrielle, mécanique, technique, avec tant d'autres choses sans oublier ce qu'on appelle le socialisme qui vient de là et qui retourne à ses origines, le mot conservateur n'est pas si méprisable.

Jouir de la vie ne va pas sans conditions favorables et avant tout, sans la paix. Paix en soi-même, bien sûr, mais aussi paix dans la cité. A bien des égards, ne rien faire est souvent ce qu'un homme politique conservateur peut faire de mieux. Sans doute, nous qui sommes imprégnés jusqu'à la moelle d'abstraction, éprouvons-nous quelques difficultés à trouver attractif de vivre tout simplement, tout humainement, de se concentrer sur cette unique et humble tâche avec le goût des artisans pour le travail bien fait. Voilà pourquoi la plupart de nos clercs sont devenus de simples insectes qui papillonnent autour d'une chandelle unique. On comprend pourquoi leur vision des montagnes est plate.

*

Dans les *Essais*, Montaigne a parlé de l'orgueil, de l'ivrognerie, de l'avarice, de la paresse et de mille autres choses encore, mais il ne parle presque jamais de morale. C'est que, puisqu'il faut tout dire, la morale n'est pas son fort. Non parce qu'il est un homme qui se trouve au-delà du bien et du mal – dans ce cas, son sujet de réflexion le plus important serait, comme Nietzsche, la morale –, mais parce que précisément, il n'est jamais sorti même en rêve de ce labyrinthe du bien et du mal, de ce qui est bien et de ce qui est mal.

*

Montaigne pratique le scepticisme. Il ne le célèbre pas. Il ne nous conseille pas davantage d'être de ses adeptes que de ses détracteurs. Dans la vie, il y a les points d'interrogation et les points d'exclamation, les citoyens du doute et les soldats de la certitude absolue. L'auteur des *Essais* a pu voir tout au long de ces huit guerres de Religion que ce n'est pas le doute qui rend fou, c'est la certitude. L'essentiel est d'éviter de remplacer une croyance par une autre croyance. Penser une idée comme une croyance, c'est vouloir se l'accaparer. Or, les idées ne peuvent être à personne. Qui pense affirme l'existence d'un prochain, la nécessité du dialogue, la communion mentale possible entre les hommes. Comment peut-on communier si, en s'appropriant les idées, on ne met plus rien en commun ?

Montaigne sceptique ? Disons plutôt qu'il nous conseille une position sceptique face au scepticisme. Par exemple : lorsque la vérité n'existe pas, il pense en outre qu'elle pourrait exister. Le doute n'est pas dans les *Essais* une doctrine mais une méthode. On peut avoir des doutes et continuer à avoir une idée pour laquelle on veut se battre. Michel Eyquem de Montaigne est chrétien, conservateur et gascon ou, plus exactement, il est un chrétien sceptique, un conservateur sceptique et un Gascon sceptique.

Et la vérité ? objectera-t-on. L'amour de la vérité est la plus noble de toutes les amours. Pourtant, tout ce qui brille n'est pas or. Car il ne manque pas de savants, de chercheurs, d'érudits qui vont à la recherche de la vérité des choses et des hommes dans l'espoir de les ternir, animés d'un zèle démolisseur de réputations et de valeurs. La vérité est le plus souvent humble. Elle se résume à cette recommandation : que nous devions attendre que s'ouvre une porte, qu'une courge mûrisse ou que l'œuf soit cuit, mérite assurément toute notre attention. Platon pensait que les choses sensibles étaient des copies plus ou moins brouillées des idées qui étaient, elles, les véritables originaux. Montaigne serait plutôt d'avis contraire. Pour lui, ce sont les idées qui sont brouillées et décolorées. En revanche, rien de plus original à ses yeux qu'un fromage, une rose ou un oiseau.

*

Le 11 septembre 2001 est venu vers nous un événement dont nous mesurons à peine, aujourd'hui, l'onde de choc. L'auguste édifice d'une civilisation millénaire s'est écroulé. Et maintenant le vide et le silence règnent, et parmi les ruines fourmillent des êtres humains gris et menus qui n'arrivent pas encore à secouer leur stupeur. Car notre Eglise s'est effondrée, avec ses autels, ses tableaux sacrés, ses vitraux, ses statues et la voûte qui nous abritait est tombée en poussière.

Peu d'événements dans l'Histoire peuvent être comparés avec ce qui s'est passé. Et pourtant, il y en eut un qui marqua de son sceau tout le XVIe siècle : le sac de Rome qui se déroula durant le mois de mai 1527. Imaginons la terrible secousse : pour la première fois depuis les Vandales, et ce alors que l'étoile de la Renaissance était à son zénith, des soldats entraient dans la Ville éternelle, s'y livraient au pillage. Et c'était l'empereur très chrétien Charles Quint qui autorisait ces lansquenets – des luthériens de surcroît – à essuyer leurs bottes crottées sur le saint des saints, à violer, profaner les églises, à se travestir avec les habits sacerdotaux durant plusieurs jours.

Ce fut dans toute l'Europe, et jusqu'aux confins de l'Empire ottoman, la stupeur, le choc, l'incompréhension, l'horreur. Puis la vie reprit ses droits. Quelque temps plus tard, les cardinaux suivis du pape sortirent du château Saint-Ange et revinrent siéger au Vatican comme si rien ne s'était passé.

Et pourtant, le mal allait poursuivre sa course folle durant près d'un siècle. Et l'on entendit les mêmes interrogations qui fleurissent aujourd'hui : Que faire ? Où est ma place ? Quels sont mes devoirs ? Qui me faut-il être ? Où s'abriter ? Qui adorer ? Qui prier ? Devant qui trembler ? Face à des événements de ce type, on connaît plus d'une personne dont la pensée a vidé les étriers.

*

Que faire ? Eh bien, lire davantage Montaigne qui nous dit de ne pas nous laisser impressionner par la pression colossale à laquelle nous sommes soumis de toutes parts. Une pression qui voudrait nous faire renoncer à notre existence particulière au nom d'une existence générale qui fausserait et désorienterait notre vie. Tout conspire pour nous détourner de notre vie intérieure. Tout s'allie pour nous distraire quand nous devrions être les patients dans notre propre clinique, aussi bien comme chirurgien que comme cadavre nous livrant à notre propre dissection. Et l'on nous apprend que le mal, c'est le refus de nous noyer dans les entités collectives, de nous penser comme autre chose qu'une machine...

Moi, moi, moi ! s'insurge Gombrowicz dans son *Journal*. Si petite que soit notre lampe, ne donnons jamais l'huile qui l'alimente mais la flamme qui la couronne. « *Il faut se prêter à autrui et ne se donner qu'à soi-même* », nous dit Montaigne. Si nous nous étudions, nous ne faisons aucun mal. Au moins, pendant ce temps, nous n'affrontons pas les gens, nous ne nous ruons pas sur eux. Nous ne considérons pas notre prochain comme un obstacle à vaincre. Parce que nous vivons pour nous, nous ne nous servons pas d'autrui comme d'une perche pour sauter plus haut.

Que l'on s'abstienne de tout mal, que l'on fasse le bien quand l'occasion se présente, que l'on prenne en main sa vie hasardeuse puisque rien n'a de sens, si ce n'est en elle. Rien de plus. Rien de moins. De beaux esprits trouveront que c'est peu et ne manqueront pas de nous traiter d'égoïstes. Et pourtant, c'est déjà beaucoup. C'est là une morale qui, en dépit des apparences, va plus loin que celle dont bon nombre d'hommes se contentent. Fixer son idéal plus haut serait comme se pousser à la faute.

Et les autres ? Ils auront toujours besoin de nous. Si nous partons de ce principe, nous ne serons jamais à nous. Il y a assez de souffrance dans l'univers, ne la multiplions pas inutilement. Restreignons-la plutôt aux douleurs inévitables. Je sais bien que notre époque a le goût de porter le noir. Elle aime à s'endeuiller à tout propos. Du temps de Montaigne, seule Catherine de Médicis portait le noir. Elle a introduit cette belle coutume italienne dans le royaume. Cela étant écrit, elle a cherché à assassiner ses fils, ses gendres, ses belles-filles, les huguenots, les ligueurs... Allons ! Soyons courageusement gais et ne nous croyons pas tenus à accroître chaque jour notre peine. A l'impossible nul n'est tenu. C'est à nos moyens qu'il faut mesurer l'étendue de notre devoir. « *Pour moi, j'aime la vie, nous dit Montaigne. Et si j'avais à revivre, je revivrais comme j'ai vécu.* »

*

De nouveau, les clercs semblent prêts, aujourd'hui, à embrasser les plus radicales, les plus absurdes des illusions pour peu qu'elles flattent les encolures des peuples. Déjà la plaine est sèche et prête à s'enflammer à la moindre étincelle. Faudra-t-il que nous refassions l'épreuve d'une de ces effrayantes rechutes de l'humanité pour comprendre combien le destin de Montaigne est désespérément semblable au nôtre ? Faudra-t-il de nouvelles guerres de Religion, de nouveaux Vassy et Saint-Barthélemy pour accepter l'idée que sa leçon n'est ni datée, ni théorique ?

Le problème ici n'est pas de supporter le bouleversement de nos conditions de vie, la chute des grandes nations, la ruine des villes ni tous ces geysers de surprises qui jaillissent de l'Histoire, l'homme a déjà supporté beaucoup. Non, si la philosophie politique contemporaine donne fréquemment l'impression d'irréalité, si elle est impuissante à nous aider à comprendre le mal quand il surgit brusquement, c'est parce qu'elle a perdu de vue la différence qui existe entre les remous convulsifs d'une surface houleuse et le courant puissant, jamais interrompu d'une vie qui ne cesse de rouler en profondeur. Toute doctrine séparée de ce que nous faisons menace d'être menteuse.

Or, nous vivons dans un monde qui se gave de systèmes, d'idées, de doctrines, mais les symptômes de l'indigestion deviennent, de jour en jour, plus nets, plus visibles, et le malade en a déjà le hoquet. Car ce n'est pas l'idée, mais l'individualité qui nous importe. Ce n'est pas dans des idées, mais dans des personnes que nous nous réalisons. Seul un fou peut exiger qu'un homme ne se passionne pas pour sa personne. Ils veulent tous que j'oublie que moi je suis moi, mais Montaigne savait bien que, s'il avait une attaque de gravelle, c'est bien lui qui allait grimacer, et non eux.

Alors, va-t-on de nouveau s'agenouiller devant de nouvelles idoles ou va-t-on trouver enfin en nous-mêmes la force de création ? Va-t-on tomber dans les manichéismes d'hier ou faire le chemin qui nous conduira de l'adoration des produits de l'homme à la reconnaissance de l'homme, force nue ?

Max Weber raconte que Luther, sortant de la diète de Worms où il négociait avec les évêques le bien-fondé de sa doctrine, aurait dit : « *Ich stehe hier, ich kann nicht anders* » (Je m'arrête ici, je ne puis pas faire autre chose) ». Cette phrase que tous les philosophes, théologiens, penseurs ont prononcée au moins une fois dans leur vie est étrangère à l'esprit des *Essais*.

N'étant pas un « penseur » spécialisé, je ne cache pas que, pour moi, la pensée n'est en général qu'un échafaudage de secours. Celle de Montaigne est simple et à ce point fondamentale qu'elle peut devenir le lieu de rencontre du savant et de l'autodidacte. Avec lui, chaque phrase est une seconde naissance. D'où mon admiration sans limite pour cette philosophie calculée, adaptée à tous les esprits, chant écrit pour toutes les voix et tous les registres :

« *Je voudrais une âme à diverses étages, qui sache et se tendre et se démonter, qui soit bien partout où sa fortune le porte, qui puisse deviser avec son voisin de bâtiment, de sa chasse et de sa querelle, entretenir avec plaisir un charpentier et un jardinier ; j'envie ceux qui savent s'apprivoiser au moindre de leur suite et dresser de l'entretien en leur propre train* » (III, 2).

Si la pensée s'attachait non pas à fonder une sagesse universelle, mais à connaître la nature singulière de chaque individu, elle ne serait plus en quête d'une vérité philosophique : elle l'aurait trouvée. En attendant ce jour, festoyons l'homme avec tous, partout et en toute occasion, lisons Montaigne et préparons-nous à un dialogue infini.

REPÈRES CHRONOLOGIQUES

1477 Le négociant bordelais Ramon Eyquem, bisaïeul de Michel, acquiert la maison noble de Montaigne.

1485 Grimon Eyquem, grand-père de l'auteur des *Essais*, est jurat de Bordeaux.

1495 Naissance de Pierre Eyquem, père de Michel. Il deviendra seigneur de Montaigne en 1519.

1527 Sac de Rome par les Impériaux.

1529 Pierre Eyquem revient des guerres d'Italie où il a tenu son journal. Il épouse Antoinette de Louppes, fille de Pedro Lopez, de Toulouse.

1533 (28 février) naissance de Michel, au château de Montaigne. Il aura sept frères et sœurs.

1533-1535 Petite enfance de Michel dans un hameau voisin. Il y est nourri non de « douceurs et de confitures », mais de « pain, de lard et d'ail ».

1535 Le dominicain espagnol Las Casas plaide la cause des Indiens du Nouveau Monde. Thomas More est décapité.

1535-1539 Ramené au château, Montaigne apprend à parler latin.

1536 Mort d'Erasme.

1540 Au collège de Guyenne, Montaigne reçoit l'enseignement de Guérente, Buchanan et Muret.

1545 Ouverture du Concile de Trente.

1546 Massacre des Vaudois en Provence.

1547 Montaigne étudie le droit à Bordeaux puis à Toulouse (ou à Paris ?). Mort de François Ier.

1548 La Bible imprimée par Robert Estienne est mise à l'index par la Sorbonne. Révolte des « Pitauts », vaste soulèvement contre la gabelle de Poitiers à Bordeaux.

1554 Pierre Eyquem est maire de Bordeaux. Il achète pour son fils une charge de conseiller à la Cour des Aides de Périgueux.

1558 Rencontre à Bordeaux de Montaigne et de La Boétie.

1559 Mort d'Henri II. Exécution d'Anne du Bourg, un des « politiques » du parti protestant. Le traité de Cateau-Cambrésis met fin à la guerre entre l'Espagne et la France.

1561 Second séjour de Montaigne à la cour de Charles IX. A Rouen, il assiste à un spectacle brésilien. A cette occasion, il interroge des Indiens.

1562 Massacre de Vassy. Début de la première guerre de Religion. Il y en aura huit. Montaigne fait profession de foi catholique devant le Parlement de Paris.

1563 Assassinat de François de Guise par Poltrot de Méré. Fin du Concile de Trente. Début de la Contre-Réforme. Mort de La Boétie.

1564 Naissance de Shakespeare.

1565 Mariage de Montaigne. Il commence une traduction de la *Théologie naturelle* de Raymond Sebond.

1570 Montaigne résigne sa charge au Parlement.

1571 Montaigne se fait aménager au premier étage de sa tour une bibliothèque (la « librairie »). Début des années de retraite. Victoire de Lépante.

1572 Massacre des protestants durant la nuit de la Saint-Barthélemy. La folie parisienne gagne la province. Sully parlera de 60 000 morts et Bossuet de 6 000. Montaigne rédige l'essai *Que philosopher, c'est apprendre à mourir.*

1573 La famine pousse à l'anthropophagie. Misère générale du royaume. En Guyenne, on se bat sans interruption.

1574 Montaigne rejoint en Poitou les troupes royalistes du duc de Montpensier. Accession au trône d'Henri III.

1580 Parution des deux premiers livres des *Essais* offerts au roi. Montaigne participe au siège de La Fère. Début du voyage en Europe. Il est reçu en audience par Grégoire XIII.

1581-1585 Montaigne maire de Bordeaux. Il succède au maréchal de Biron.

1587 Victoire d'Henri de Navarre à la bataille de Coutras. Il dîne et couche chez Montaigne. Marie Stuart décapitée. Création au Collège de France d'une chaire de langue arabe.

1588 Journée des barricades à Paris. Le peuple est ligueur. Aux états généraux de Blois, Henri III assassine la famille des Guise. Première édition du livre III des *Essais*. Montaigne passe quelques heures à la Bastille.

1589 Entrevue d'Henri de Navarre et d'Henri III. Ce dernier est assassiné par Jacques Clément. Les Seize font régner la terreur à Paris.

1590 Début du règne d'Henri IV. Les bûchers sont rallumés. Chasses aux sorcières et vagues d'antisémitisme notamment dans le Sud-Ouest. Expériences de Galilée à Pise.

1592 (13 septembre) Mort de Montaigne. Il laisse un exemplaire de la dernière édition des *Essais*.

BIBLIOGRAPHIE SOMMAIRE

Voilà quelques bonnes auberges pour des lecteurs qui chercheraient à revisiter Montaigne, son époque... et la nôtre.

Michaël BARAZ, *L'Etre et la Connaissance selon Montaigne*, José Corti, 1968.

François BAYROU, *Henri IV*, Flammarion, 1999.

Ernst BLOCH, *La Philosophie de la Renaissance*, Payot, 1974.

Frédéric BRAHAMI, *Le Scepticisme de Montaigne*, PUF, 1997.

Jules BRODY, *Nouvelles Lectures de Montaigne*, Honoré Champion, 1994.

Michel BUTOR, *Essais sur les « Essais »*, Paris, 1968.

André COMTE-SPONVILLE, *Je ne suis pas philosophe*, Champion, 1993.

Marcel CONCHE, *Montaigne et la philosophie*, PUF, coll. « Perspectives critiques », 3e édition, 1988.

Marie-Luce DEMONET (éd.), *Montaigne et la question de l'homme*. (Textes de E. Faye, T. Gontier, P. Magnard, J.-Y. Pouilloux, A. Tournion.) PUF, coll. « Débats philosophiques », 1999.

Claude Gilbert DUBOIS, *Le Baroque, profondeurs de l'apparence*, Larousse, 1973.

Philippe ERLANGER, *Henri III*, Gallimard, 1948.

Jean-Claude FRAISSE, *Philia, la notion d'amitié dans la philosophie antique*, Vrin, 1974.

Hugo FRIEDRICH, *Montaigne*, Gallimard, 1968.

André GIDE, *Les Pages immortelles de Montaigne*, Corrêa, 1932.

Witold GOMBROWICZ, *Journal*, tome 1, *1953-1956*, Christian Bourgeois, 1981.

Francis JEANSON, *Montaigne par lui-même*, Seuil, 1954.

Madeleine LAZARD, *Michel de Montaigne*, Fayard, 1992.

Pierre LESCHEMELLES, *Montaigne tout entier et tout nu, anthologie des « Essais »*, Imago, 1998.

Ian MACLEEN, *Montaigne philosophe*, PUF, 1996.

Gisèle MATHIEU-CASTELLANI, *Montaigne. L'écriture de l'essai*, PUF, 1988.

Jules MICHELET, *Histoire de France. Le* XVIe *siècle*, collection « Bouquin », Robert Laffont.

Pierre-François MOREAU (dir.), *Le Scepticisme aux* XVIe *et* XVIIe *siècles*, Albin Michel, 2001.

Géralde NAKAM, *Montaigne et son temps*, Nizet, 1982.

—, *Montaigne, la manière et la matière*, Klincksieck, 1992.

Richard H. POPKIN, *Histoire du scepticisme d'Erasme à Spinoza*, PUF, 1995.

Francois RIGOLOT, *Les Métamorphoses de Montaigne*, PUF, 1988.

Quentin SKINNER, *Les Fondements de la pensée politique moderne*, Albin Michel, 2001.

Jean STAROBINSKI, *Montaigne en mouvement*, Gallimard, 1993.

Roger STEPHANE, *Autour de Montaigne*, préface de Georges Duby, Stock, 1986.

Actes de TORONTO, *La Problématique du sujet chez Montaigne*, Honoré Champion, 1995.

Pierre VILLEY, *Les « Essais » de Montaigne*, Nizet, 1972.

Stefan ZWEIG, *Montaigne*, préface de Roland Jaccard, Quadrige, PUF, 1995.

REMERCIEMENTS

Au terme de cet essai, je tiens à remercier ceux qui m'ont accompagné dans cette aventure amoureuse : Alexis, Anne-Marie, Elisabeth, Jean-François et, bien sûr, Thomas et Irène.

Par ailleurs, je tiens à remercier Muriel Beyer pour sa confiance et son amitié.

TABLE

Cet ouvrage a été composé par
Nord Compo (Villeneuve-d'Ascq)
et imprimé sur presse Cameron
par **Bussière Camedan Imprimeries**
à Saint-Amand-Montrond (Cher)
pour le compte de la Librairie Plon

Achevé d'imprimer en octobre 2002.

N° d'édition : 13574. — N° d'impression : 024909/1
Dépôt légal : octobre 2002.

Imprimé en France